Edición actualizada y comentada

EL ARTE DE LA GUERRA

El clásico internacional más vendido sobre estrategia

SUN TZU

TALLER DEL ÉXITO

El arte de la guerra
Copyright © 2024–Taller del Éxito

Traducción al español: Copyright © 2024 Taller del Éxito, Inc.

Reservados todos los derechos. Ninguna parte de esta publicación puede ser reproducida, distribuida o transmitida por ninguna forma o medio, incluyendo fotocopiado, grabación o cualquier otro método electrónico o mecánico, sin la autorización previa por escrito del autor o editor, excepto en el caso de breves reseñas utilizadas en críticas literarias y en ciertos usos no comerciales dispuestos por la Ley de Derechos de Autor.

Publicado por:
Taller del Éxito, Inc.
1669 N.W. 144 Terrace, Suite 210
Sunrise, Florida 33323
Estados Unidos
www.tallerdelexito.com

Editorial dedicada a la difusión de libros y audiolibros de desarrollo y crecimiento personal, liderazgo y motivación.n.

Corrección de estilo: Miriam Cristy León Acosta
Diagramación y cubierta: María Alexandra Rodríguez

ISBN: 9781607388883

25 26 27 28 29 R|GIN 06 05 04 03 02

Contenido

Introducción 7

1. Estrategia y alcances 13

2. Acciones y batalla 25

3. Tácticas, asedio y batalla 37

4. Posición de poder para ganar 49

5. Ímpetu, fuerza y pericia 63

6. La estrategia de fuerza y cambio 73

7. Movimientos en la lucha armada 87

8. Batalla frente a beneficios o daños 103

9. Instrucciones para el combate 111

10. El terreno… ¿a favor o en contra? 127

11. Posibilidades según el terreno 139

12. El fuego y el agua como herramientas de confusión ... 159

13. El espionaje en las operaciones militares 167

卣

周

周

Introducción

介紹

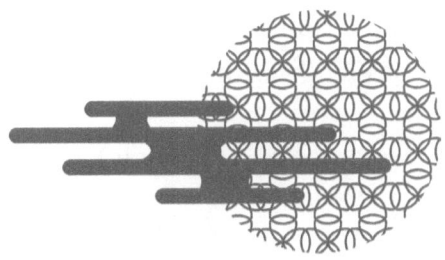

"El arte de la guerra" es fundamental por su contenido histórico y cultural. Aunque fue escrito en un contexto militar, sus principios han sido interpretados y aplicados como fuente de inspiración en diversas áreas, como la militar, la empresarial y el liderazgo. Este libro es una obra clásica de la estrategia militar escrita por Sun Tzu, un antiguo filósofo y estratega chino. Compuesto hace más de dos milenios.

La obra se presenta en forma de consejos estratégicos que exploran los principios fundamentales de la guerra y la toma de decisiones. Sun Tzu aborda temas que van más allá del campo de batalla, destacando la importancia de la adaptabilidad, la planificación cuidadosa, la comprensión del terreno y la naturaleza humana.

En las páginas de este antiguo texto, los lectores encuentran orientaciones sobre cómo enfrentar situaciones desafiantes, liderar con sabiduría y alcanzar el éxito, ya sea en el campo de batalla o en la vida cotidiana. A medida que se exploran las enseñanzas de Sun Tzu, es importante considerar su aplicación en el contexto actual para adaptar sus principios a determinadas circunstancias cuando es pertinente.

Este libro clásico de estrategia ofrece principios atemporales para el liderazgo, la planificación y la conducción de conflictos.

Entre otros aspectos, Sun Tzu destaca los siguientes:

- Dar la importancia necesaria y justa a ser flexible y adaptarse a las circunstancias cambiantes.

- Realizar una planificación meticulosa antes del conflicto es esencial para el éxito.

- Lograr la victoria mediante la comprensión profunda de uno mismo, del enemigo y del terreno.

- Saber que la victoria sin luchar es la máxima excelencia.

- Evitar el conflicto directo siempre que sea posible es una estrategia sabia.

- Conocer la importancia de la eficiencia en el uso de los recursos.

- Ser conscientes de que la economía de fuerzas y la gestión sabia de los recursos son esenciales en cualquier campaña militar.

Este libro no solo ofrece lecciones sobre la conducción de conflictos, sino que también proporciona ideas sobre cómo anticipar y responder a los desafíos de manera efectiva. Al adoptar una perspectiva práctica y estratégica, "El arte de la guerra" continúa siendo una fuente valiosa de sabiduría que trasciende los siglos; su influencia se extiende más allá del ámbito militar, alcanzando el liderazgo empresarial y la toma de decisiones en general.

Es así como tomando todos estos principios básicos propuestos por tan ilustre autor, cabe dar vida a esta muestra actual de lo que significa "el arte de la guerra" en todas y cada una de las propuestas de vida, metas, objetivos, logros y todo cuanto de alguna forma un ser humano, un grupo, una comunidad, una empresa... intenta para llegar a trascender con mucho éxito, y llamado de otra manera, lograr la victoria estratégica de manejar el arte de la guerra.

1

Estrategia y alcances

戰略和範圍

Una operación militar implica engaño. Aunque seas competente, aparenta ser incompetente. Aunque seas efectivo, muéstrate ineficaz.

Sun Tzu

Los países son Estados políticos con normas, leyes y derechos, defendidos por la acción y estrategia militar.

La acción militar es de importancia vital para un país; el camino de la supervivencia o de la aniquilación, de la misma manera que la estrategia y astucia, constituyen la vida o la muerte de un país y por ello es absolutamente indispensable examinarla. **(1)**

En la estrategia militar se destacan **cinco elementos** básicos, pilares de la seguridad.

El camino, el clima, el terreno, el liderazgo y la disciplina.

El análisis militar es de las mejores tácticas desde las armas al triunfo y desde los rangos a la disciplina, para comparar y establecer cuál es la situación. **(2)**

El camino. Llegar a resultados positivos mediante objetivos comunes establecidos por los dirigentes, tanto para los soldados como para los diferentes rangos de la milicia, con el fin de compartir la vida y la muerte sin temor al caos, al peligro o a la traición. **(3)**

El clima. Analizar todo lo que el concepto como tal implica: estaciones del año con sus variaciones climáticas agudas o leves, tolerables o intolerables, difíciles o llevaderas, inclementes y hasta destructivas. **(4)**

El terreno. Conocer todo lo que se refiere al sitio o sitios estratégicos: distancia, facilidad o dificultad de desplazamiento, dimensiones, fiabilidad o confianza para diseñar estrategias de protección en el lugar. Es decir, saber si el terreno es alto, bajo; frío, caliente; con nieve, sin nieve; seguro, inseguro; extenso o pequeño… **(5)**

El liderazgo. Mantener autoridad, inteligencia, integridad, honestidad, valor, rigidez y capacidad de guiar e influir. **(6)**

La disciplina. Organizar, establecer normas y pasos a seguir; crear rangos y la logística necesaria para determinar la jerarquía en el mando. **(7)**

Además de los elementos ya mencionados, el arte de la guerra y la estrategia militar exigen y permiten pedir consejo; nadie es sabio, así sea dentro de su propio lenguaje y conocimiento. Una operación militar implica engaño. Aunque haya competencia, hay que aparentar incompetencia. Aunque haya seguridad y efectividad, hay que aparentar ineficacia.

Recibir sugerencias se convierte en estrategia de innovación y es propia para la toma de decisiones, siempre y cuando estén del lado ventajoso para vencer en el combate. Cuando el enemigo se confía, cree en estas apariencias y las ve como reales, sin darse cuenta y cuando menos lo espera, resulta vencido; se encuentra apabullado y sin duda alguna, por la estrategia de una operación militar planeada y organizada: competente, efectiva y estratégica. **(8)**

Si se va a realizar un ataque por los alrededores cercanos al enemigo, la astucia militar implica aparentar un ataque lejano; por el contrario, si se va a realizar lejos, implica aparentar un ataque cercano. Se crea la confusión, objetivo previamente establecido para impedir que el enemigo pueda reaccionar o tener una respuesta inmediata de defensa.

Utilizar la humildad y el miedo "aparentes" …, desvanece el miedo en el rival; estará desprevenido y confiado. Es entonces el momento de atacar, estará sin capacidad de reaccionar.

Cuando ellos, los enemigos están satisfechos y confiados, es el momento de luchar; cuando son poderosos, es el momento de frenar una batalla; y cuando por razones muchas están encolerizados, es el momento de aprovechar y confundirlos. **(9)**

Mantener soldados y líderes confiables, capaces de guardar información es parte de la instrucción en la enseñanza militar; en un conflicto, bajo ningún punto de vista es aceptable divulgar los procedimientos y pormenores del ataque a realizar.

Para alcanzar la victoria se planean y organizan todos los factores y tácticas que conllevan a alcanzarla. El que planifica la victoria en el cuartel general, incluso antes de entablar la batalla, es el que tiene más factores valiosos de su parte. No se puede dudar de la capacidad de los líderes ni de los soldados; no es bueno, no es estratégico.

Mientras más se planteen y se analicen los pros y los contras, las posibles estrategias, las capacidades del enemigo y sus debilidades, más posibilidades de ganar y alcanzar la victoria hay. Considerando el asunto de esta manera, se puede prever quién va a ganar y quién va a perder. **(10)**

Profundicemos en "estrategia y alcances"

(1) Los Estados políticos, países o provincias… se conforman por individuos, normas, leyes y un sitio geográfico, que en conjunto son aspectos que deben protegerse. Esta labor corresponde a las fuerzas militares que es el ente responsable y capacitado para diseñar el modelo a seguir con el fin de mantener el equilibrio y la paz. Ahora bien, si esa protección se debilita, hay peligro de la exposición al ataque. Es decir que, de la estrategia de defensa y protección militar, un Estado vive, o muere y desaparece.

Para hablar de estrategias de protección y defensa se crea un modo y una ruta que permita llegar al objetivo; unas tácticas de trabajo que dejen conocer todas las clases de armas por usar; se busca claridad sobre el grupo de individuos que va a participar con el fin de saber quién es quién, quién crea normas, quién da órdenes y quién las recibe, lo que con seguridad permite establecer un método e ideología lógica para llegar a la victoria en situación de superioridad.

(2) Buscando esas estrategias en la operación militar se tornan importantes los **cinco elementos**, seguramente responsables de los resultados exitosos durante y después de un enfrentamiento militar. El análisis de esos elementos permite conocer las fortalezas y debilidades de los bandos; mientras más se conozca del adversario, mayores son las probabilidades de ganar.

(3) El camino por ejemplo permite un amplio espectro para abarcar. Se puede hablar del camino a la organización y planeación de la estrategia militar; el camino a la forma de gobernar e instruir correctamente; el camino al conocimiento del enemigo, sus características y su ubicación; el camino según el terreno: trayectos largos o cortos, aquel en el que hay que ascender o descender, de difícil o fácil acceso y en general, todos los trayectos de combate; o el camino a la victoria, que en últimas constituye el objetivo primordial para superar conflictos sin temor al caos o al peligro.

(4) No dejemos de lado la incidencia **del clima** en cualquier contienda. Cómo conseguir que los soldados, líderes, acompañantes y estrategas se mantengan sanos y salvos a través del tiempo, independiente de que se esté en verano o en invierno. Cómo encontrar la forma de suministrar los implementos y vestimentas adecuadas que protejan del frío, que guarden del calor y que en general creen la resistencia suficiente a las inclemencias del clima.

(5) En toda estrategia que se planee para una confrontación es de primer orden conocer **el terreno**; saber la distancia por recorrer, las dificultades para acceder a él, la extensión y la forma más adecuada de movilización: caballería, infantería, en escuadrones grandes, en escuadrones pequeños, en formación o, por el contrario, en forma dispersa. Cualquier claridad sobre la topología del terreno traerá consecuencias positivas para realizar un desplazamiento seguro y la consecución victoriosa del objetivo propuesto.

(6) De otro lado, ejercer **el liderazgo** con inteligencia conlleva a que las tropas avancen con seguridad, claridad y rapidez, confiadas en la experiencia y conocimiento de quien o quienes las dirigen. Ejercer el liderazgo es demostrar honestidad, valor, autoridad, organización e inteligencia en la ejecución. Significa saber también qué beneficios, castigos o incentivos serán motivo de buena o mala actitud dentro de las tropas en acción.

(7) Para finalizar, no puede faltar **la disciplina**. ¿Se refiere a imponer acciones? No. Es aquella que dicta las líneas y parámetros que determinan las cadenas de mando, la composición de las tropas, los alcances de las normas y los lineamientos por cumplir en el curso de la contienda. En la asertividad del mando radica el triunfo y consecución de los logros propuestos.

Manejar con criterio estos conceptos puede permitir entrever situaciones que estén a favor. Establecer quién es mejor al mando general, quién es apto para dirigir cada tropa, quién puede ser un buen líder, cuál es el terreno más apropiado, cuál es el clima del lugar, dónde se llevará a cabo la confrontación y demás, son aspectos que conducirán con seguridad a lograr superioridad y ventaja. Para cerrar el tema de los cinco elementos es momento de recalcar que tenerlos claros e incluirlos en la planeación estratégica es asegurar el camino al triunfo y a la victoria; ignorarlos, puede ser el inicio de la decadencia si no, de un resultado negativo y perdedor.

(8) Para ser estratega militar y formar parte de la operación hay que estudiar y adentrarse en la historia de diferentes tipos de confrontaciones... También es importante contar con la opinión de colegas, con la consulta de otros documentos antiguos, o no tan antiguos, pero que permitan ampliar la visión de cómo ser un buen líder, capaz y eficaz. Si es necesario, en un conflicto también es importante saber aparentar: en palabras sencillas, saber despistar al enemigo. Crear falsas esperanzas, falsa información, mostrarse incompetente con el fin de sorprenderlo. Todo conflicto militar es una estrategia que también se vale del engaño. El engaño como estrategia en el conflicto, tiene como objetivo la victoria sobre el enemigo, generando confianza dentro de la tropa o escuadrón.

*"Como ejemplo puede recordarse cuando los Estados de **Wu** y **Yue** estaban en guerra entre sí, **Wu** sacó de prisión a tres mil criminales para dar una impresión de desorden y tender así una trampa a **Yue**. Muchos criminales huyeron, otros se rindieron; el ejército de **Yue** luchó con ellos, para ser en definitiva vencido por el ejército de **Wu**".*

(9) Tomar por sorpresa a las tropas enemigas cuando no esperan ser atacadas, es aprovechar los puntos débiles y darse toda la ventaja a favor de la victoria. Los planes que son desconocidos para el enemigo en el arte de la guerra son la mejor forma de ganar. Valorar siempre al rival y tenerlo bajo estricta observación son actividades que no se deben desconocer dentro de las estrategias de operación militar.

(10) En la medida que se estudia y se profundiza sobre las capacidades de las tropas enemigas, se está más cerca de ganar la batalla. Se dice que los grandes victoriosos de la historia vencen primero su mente y luego van al enfrentamiento. Si se intenta ganar una batalla sin fortalecer la mente ganadora, seguramente se perderá la guerra antes de iniciarla.

2

Acciones y batalla

行動與戰鬥

Lo importante en una operación militar es la victoria y no la persistencia.

Sun Tzu

Durante el curso de una batalla hay que establecer límites de tiempo. Incluso, aunque esté en situación de superioridad es necesario bajar las armas. Una batalla que permanece por tiempo exagerado desgasta las tropas y aniquila la acción. Que no se mermen las fuerzas, que no se deterioren las armas, que las provisiones no se agoten, que las tropas no se desgasten. **(1)**

Si se agotan las fuerzas, si las tropas se desgastan, si las armas se deterioran, se abre la puerta de la destrucción, las sublevaciones… las cosas seguramente no salen bien. De nada sirven la pericia y las consultas a expertos, si la debilidad y la falta de esperanza están presentes entre los soldados.

Mantener una campaña de guerra por tiempo excesivo genera respuestas contrarias a conseguir el triunfo. Produce caos, cansancio, desestabilización en la estrategia militar. En el arte de la guerra se dice que es mejor un asalto repentino, aunque torpe, que una operación militar prolongada que lleve a la destrucción. **(2)**

Conocer las ventajas de utilizar las armas es aprovechar bien sus beneficios; pero igual se trata de tomar conciencia de que servirse de ellas, también trae desventajas. Utilizar las armas con pericia, y no solo las armas, sino todos los recursos militares, evita levas dobles de tropas o la necesidad de proporcionar suministros y alimentos en repetidas ocasiones. **(3)**

Si se utilizan las armas del país propio, es lógico. El cuidado radica en exceder los gastos por concepto de alimentos y suministro de provisiones. Entonces si durante la confrontación se logra quitar elementos y provisiones al enemigo es positivo, porque se está abasteciendo nuestro ejército. A toda costa es importante evitar operaciones militares que generen empobrecimiento; por ejemplo, los habitantes que están cerca del ejército pueden hacer buenos negocios con sus productos a precios elevados, pero con seguridad la población en general perderá su bienestar. Si se decide transportar las provisiones desde lugares muy lejanos, aparece la pobreza, el gasto es mayor, el pueblo o país se empobrece y la calidad de vida de los habitantes decae. **(4)**

Y como es lógico, cuando hay menos recursos, los impuestos se pagan bajo la fuerza y el descontento; de nuevo se llega a la misma condición: el pueblo empobrece. Como consecuencia, los gastos del gobierno por conceptos militares se doblan con el fin de mantener el equipamiento y provisiones necesarias y en cambio se niega más del 70% del presupuesto a la población.

No es bueno insistir en una guerra si va en detrimento de los habitantes del país. **(5)**

¿Cuál es entonces la estrategia de un buen militar para evitar la depresión económica en un conflicto? Aprovechar lo más valioso del enemigo: las provisiones, el equipamiento y los suministros. **(6)**

Es entonces cuando él (el enemigo) se siente debilitado, pero sobre todo desmotivado y enfurecido; por el contrario, como consecuencia, las tropas ganadoras motivadas a luchar, todo por conseguir el botín objetivo. **(7)**

Gana y es recompensado quien llega primero al tesoro del enemigo, como en la generalidad de los casos: suministros, alimentos y hasta armas. **(8)**

Y para continuar mermando a las fuerzas enemigas, se agrupan los soldados hechos prisioneros, que a estas alturas son parte del triunfo. No se puede olvidar tratarlos bien y prestarles mucha atención, porque ahora lucharán a nuestro favor.

Valerse de los soldados prisioneros no solo permite vencer al enemigo, sino que incrementa la fuerza de lucha, lo cual se convierte en estrategia militar de batalla. **(9)**

En conclusión, no necesariamente hay que ser persistente y mantener largas batallas; lo importante en una operación militar es conseguir la victoria en el menor tiempo posible.

La persistencia no es beneficiosa. Una batalla en exceso larga se convierte en algo como el fuego: si no se apaga pronto y a tiempo, las consecuencias son el desastre y la destrucción. **(10)**

Profundicemos en "acciones y batalla"

(1) Las batallas no son acciones para toda la vida. Si se cuenta con suerte y se está ganando, preservar las fuerzas es la mejor opción para conseguir la verdadera victoria; si por el contrario se está en desventaja y se asoma la derrota, las tropas, los soldados no tendrán la suficiente vitalidad para sobrevivir y cambiar la suerte a su favor. Luchar por mucho tiempo trae calamidad, los esfuerzos son insuficientes y por supuesto llegan el fracaso y la muerte.

(2) Si se es seguro y certero en la planeación de la estrategia de batalla, se debe ser rápido y firme en la ejecución del ataque. Si se reduce el éxito de la batalla a la unión de características como velocidad, fuerza, resistencia y fortaleza, realmente hay toda la posibilidad de derribar al oponente. Cuando el enemigo no tiene la oportunidad de reaccionar, el triunfo será la recompensa.

(3) Siempre que se habla en términos militares hay que hacer referencia al reclutamiento de soldados, quienes tendrán bajo su responsabilidad recibir y ejecutar las directrices para conseguir la victoria. Entonces, utilizar de manera ventajosa las armas, quiere decir tener la pericia con ellas para atacar rápida y eficazmente con el fin de que los individuos que conforman las tropas puedan asegurarse de tener las condiciones necesarias para vencer, sin necesidad de un doble reclutamiento, doble esfuerzo y sufrir escasez de recursos.

(4) Parece complicado el tema de las provisiones; por donde se vea, generalmente cubrir los suministros y el transporte de alimentos, es una constante que genera gastos mayores. Si se transportan desde muy lejos es costoso y demorado; si son cubiertos desde terrenos aledaños los precios son inalcanzables… Definitivamente el país tiene que solventar todo este gasto, que de hecho va en detrimento de la población. Una vez más hay que enfatizar el concepto de que las campañas militares largas no son positivas para ningún país ni población.

(5) Mantener el suficiente abastecimiento en sus mercados es de importancia de primer orden para un país. Si el presupuesto se determina para usar en el mantenimiento de operaciones y campañas militares, los habitantes serán los afectados directos; habrá escasez y sobreprecios. Entonces también es de primer orden que el gobierno y directivas de un país establezcan las prioridades necesarias.

(6) Este aparte no es más que hacer alusión o más bien un gran énfasis en que, en la planeación y en la política de la estrategia militar son parte fundamental la inteligencia y la evaluación de todos los conceptos y temas relacionados con el bienestar de los pobladores, el país o países implicados. Las guerras no se deben decidir como una acción inmediata, sino con un objetivo específico y estratégico que dé como resultado ser del bando vencedor y mejor aún a costa del gasto del bando perdedor.

(7) Es gran recompensa para los soldados contar con los suministros, alimentos y equipamiento del rival; se sienten más valientes y capaces de luchar con fuerza, y motivados por su propia iniciativa; de antemano se garantiza no solo el triunfo sino la satisfacción de tener los bienes del enemigo.

(8) Y como se habló de recompensa, la necesidad clara de estrategia es que esa recompensa no sea para todo el grupo; se recompensa a quien demuestre mayor astucia, sobrevivencia y valor para llegar primero por el objetivo marcado; es motivo para incentivar a que la tropa completa luche en forma decidida.

(9) Es increíble pero cierto, los prisioneros de guerra merecen buen trato y atención. Luego se convierten en parte del pie de guerra del ganador; es decir, que con los prisioneros se puede obtener la derrota del bando contrario. Para qué luchar contra ellos y hacerlos más enemigos, si de hecho ya lo son. Como buena medida militar, hacer de los prisioneros sus soldados con respeto y consideración, es lograr que ahora sean quienes luchen también a su favor.

(10) Hay que considerar que no existe un criterio común para establecer normas o leyes para la guerra. Por investigaciones o planeamientos previos que se hagan, siempre se presentarán factores que terminen en un gran error. Sin embargo, se puede establecer que son importantes algunos factores en la estrategia de operaciones militares: un **objetivo** por el cual luchar que seguramente se puede conseguir acompañado de la **velocidad** en el ataque, la **sorpresa** y la **coordinación**.

3
Tácticas, asedio y batalla

戰術、攻城和戰鬥

Los guerreros superiores atacan mientras los enemigos están proyectando los planes.

Sun Tzu

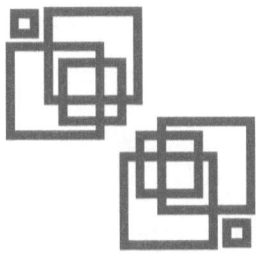

Los recursos militares son los medios para ir a la guerra, pero con justificación. Se da cuando se vence a un ejército, sin destruirlo y con tácticas adecuadas de batalla. No siempre ganar una batalla significa profesionalismo. Los mejores ejércitos ganadores y por su puesto sus superiores, son los que consiguen vencer al enemigo sin luchar; es decir, lo vuelven impotente y vulnerable, tanto, que al final toma la decisión de rendirse.

Es ejecutar el ataque cuando el enemigo apenas lo planea; es obtener ventaja de forma exitosa porque no solo se vence, también se conducen y se guían las tropas y los soldados sin que sufran percances. Es ganar y conseguir la victoria sin el menor riesgo, sin mayores daños y con la mayor ventaja. **(1)**

Durante un conflicto no vale la pena y no es buena táctica atacar a una ciudad. Implica atacar civiles y personas que no saben nada de la guerra. Tomar el tiempo necesario para planear la táctica de ataque y asedio, resulta mejor y más, si se prevén desde ya las posibles ventajas por lograr con esa estrategia planeada. Cuando se ataque a una ciudad, si es que se hace, que sea realmente porque hay que hacerlo como último recurso necesario. **(2)**

Si la ciudad es atacada por un ejército dirigido por un superior que no cuida a sus soldados y muchos mueren, y que ha peleado no con estrategia sino impulsado por la ira y la ambición de poder, está enfrentando un combate que terminará mal. Sus hombres van a morir, van a enfermar, y si la ciudad aún está en capacidad de resistir, el combate se convierte en un fracaso.

Un militar estratégico, diestro en el arte de la guerra vencerá en su combate sin asediar y con mucha rapidez. Como ya se ha dicho, al enemigo se le vence fácilmente mediante el engaño y la confusión. La sorpresa y la velocidad son factores importantes en cualquier contienda. **(3)**

Se podría decir que una de las formas de ganar una batalla es aplicar la ley del asedio estratégico. Es decir, obtener la victoria completa, venciendo todos los factores que se presentan en contra dentro de cada contienda, y recurriendo siempre a las técnicas a las que nos hemos referido. Por supuesto no siempre se da la situación ideal: vencer sin la destrucción, la muerte y la lucha, esto es bastante impredecible. Pero sí se puede buscar vencer en el menor tiempo posible, con rapidez; sin asediar a los pueblos, sin invadirlos y sin destruirlos, más bien reprimirlos y reducirlos. **(4)**

Así que, si de inteligencia militar se habla, también hay que hablar de ciertos principios que son bien importantes dentro de la estrategia de guerra. Es el análisis al cual se ha hecho mención antes; el que indica cómo están constituidos los ejércitos que se enfrentan; si son equilibrados, qué tanto superior es un bando del otro, qué grado de fuerzas manejan y cuántos soldados los conforman.

Como consecuencia de las respuestas a esas preguntas, se puede establecer un concepto muy influyente en el arte de la guerra y las acciones a seguir: si las fuerzas que posee nuestro escuadrón son diez veces superiores a las del adversario, es prudente rodearlo; si son cinco veces superiores, es mejor atacarlo; si son dos veces superiores, hay que tratar de dividirlo. Pero si las fuerzas son iguales, lo mejor es luchar. Ahora que si las fuerzas de nuestros hombres son menores, es mejor mantener al adversario apartado. Finalmente no ha de olvidarse que si el enemigo es muy superior en número y fuerzas, lo mejor es retirarse de prisa para evitar daños irreparables.

Si la mala estrategia militar deja de medir estas variantes, estas capacidades y condiciones estratégicas para ir a la guerra, entonces se presenta una situación más… Es aquella en la que, si un bando adversario pequeño y también obstinado decide pelear, con seguridad será dominado y por supuesto prisionero del bando con mayor superioridad. **(5)**

El ejército y las fuerzas militares en general son los pilares de protección de un país y sus gobernantes; están a su servicio y a su disposición para hacer respetar las leyes y los individuos que conforman una nación. De esa disposición estratégica, continua y disciplinada depende la seguridad de un Estado o territorio. Así que, si las fuerzas militares son fuertes en el cumplimiento de su labor, el país es fuerte, o por el contrario lo hacen débil y susceptible al peligro y a la destrucción. **(6)**

El ejército está al servicio de un país y de un Estado, pero tiene sus reglas, sus leyes, sus jerarquías y su propia estructura de mando. Con base en estas condiciones se organiza para dar cumplimiento a su función de mantener al país seguro. Sin embargo, hay casos en que el gobierno civil puede debilitar esta estructura y generar desestabilización. Es cuando el gobierno, desconociendo las estrategias militares, toma sus propias decisiones, que seguramente solo llevarán al desastre.

Son las situaciones en las que un gobierno ignora el conocimiento militar y ante un conflicto decide que se avance, o por el contrario que haya retirada, cuando no es el momento. Es cuando inmoviliza al ejército y expone la seguridad por imponer su criterio. Además cuando un gobierno ignora a los altos mandos de las fuerzas militares y dicta sus propias normas, crea desorientación en los soldados. Por supuesto, con un ejército sin mando definido, con unos soldados confusos y vacilantes sin lineamientos perfectamente establecidos, es cuando el adversario en la guerra juega su mejor papel y consigue ganar; ha encontrado algo de lo que ya se habló: superioridad en fuerzas de su propio bando y confusión en el bando opositor. **(7)**

Sin mucho más por decir, es oportuno siempre analizar y conocer por parte de las personas idóneas, las ventajas y desventajas del conflicto que está por enfrentarse; conocer las fuerzas de los bandos opositores, las capacidades, las debilidades y mucho más que brinda el conocimiento de la estrategia para organizar una confrontación militar, pues es lo que lleva al ejército y sus tropas a la derrota o la victoria. Es decir, del manejo analítico estratégico de las condiciones del conflicto, seguramente emergerá el vencedor. **(8)**

Profundicemos en "tácticas, asedio y batalla"

(**1**) Ganar la guerra no significa crear solo muerte y destrucción, no significa ejecutar a un ejército sin planeación… Significa enfrentarlo con estrategias y tácticas organizadas generando desorden y descontrol, que muestran con claridad cuando un grupo de soldados está vencido y se rinde sin llegar al caos, la muerte o la aniquilación.

(**2**) El concepto es claro, quiere decir que la guerra no nace de la nada, hay que analizar los objetivos, el por qué y la necesidad real de hacerla. Hay que tomar el tiempo necesario para obtener los recursos, para saber quién, en dónde y cuándo atacar. Ni la ira, ni la prisa, ni la improvisación han de llevar el ataque a un buen final… Si se quiere vencer un ejército sin destruirlo, con mayor razón no se puede atacar sitios o conglomerados de población civil. La guerra es entre militares y está hecha para militares entrenados.

(**3**) Una batalla decisiva requiere de un general militar inteligente que sepa atacar. Hay muchas formas de hacer la guerra, sin caos, sin muerte, sin destrucción. Según la localización de la zona de combate se ajustan las condiciones, se analizan las oportunidades y se decide la táctica: bloqueo de caminos, cierre de entradas y salidas, suspensión de suministros, por no enumerar más; línea recta al triunfo sin necesidad de luchar.

(4) En cualquier guerra siempre se busca la victoria, unas veces sin mucho combate, otras empleando todos los medios y recursos que se ofrecen para una operación militar. Sin embargo, la mejor victoria es aquella a la que se llega sin asedios, sin muertes, sin derramamiento de sangre; a la que se llega haciendo estudios, análisis, creando estrategias y todo lo necesario para dominar al adversario.

(5) Cabe aclarar que hay dos conceptos de superioridad: *en número* y *en fuerzas*. Si se habla de superioridad en número, sencillamente se trata de un ejército que cuenta con un grupo de soldados mucho mayor que con el que cuenta el contendor; si se habla de superioridad en fuerzas, se hace referencia a un grupo de individuos con alta autoestima, motivados, con deseos de luchar para conseguir la victoria, dispuestos a ejecutar las estrategias sugeridas y vencer. Si se trata de un adversario que está desmotivado, confuso, desordenado, así sea superior en número, seguramente se hace muy susceptible en el combate y fácil de vencer. Es decir, si se va a enfrentar a un enemigo superior o muy superior en fuerzas y en número, no hay nada que hacer, la mejor decisión de enfrentarlo es con la retirada. Antes de ir a un enfrentamiento valore la fuerza y el poder del que se es capaz de poseer.

(6) En palabras simples, el ejército y las fuerzas militares son entes cuya misión es proteger y servir en favor de su nación. De su fortaleza y decisión depende la seguridad o debilidad del país al que pertenecen. Los rangos militares y quienes los portan son las cabezas y mentes inteligentes o no a quienes confiamos hasta cierto punto la vida. Su desempeño, responsabilidad y honestidad confiable son las características de las que se valen los gobernantes para hacer de su país la fortaleza que proponen y defienden.

(7) De los aspectos a tener en cuenta dentro de la estrategia militar para la guerra cabe resaltar el equilibrio entre los objetivos e ideales por conseguir desde el punto de vista militar y desde el punto de vista civil. Y después de llegar al consenso de objetivos y estrategias, la operación militar debe ser dirigida por los militares. La falta de coordinación entre estos dos entes es el camino más seguro a la derrota en un conflicto de guerra.

(8) Y para finalizar, la mejor forma de explicarlo es presentarlo tal como lo decía Sun Tzu: *"Por tanto, existen cinco maneras de conocer al futuro vencedor. Ganan los que saben cuándo luchar y cuándo no. Los que saben discernir cuándo utilizar muchas o pocas tropas. Los que tienen tropas cuyos rangos superiores o inferiores tienen el mismo propósito. Los que se enfrentan con preparativos a enemigos desprevenidos. Los que tienen generales competentes y no están limitados por sus gobiernos".*

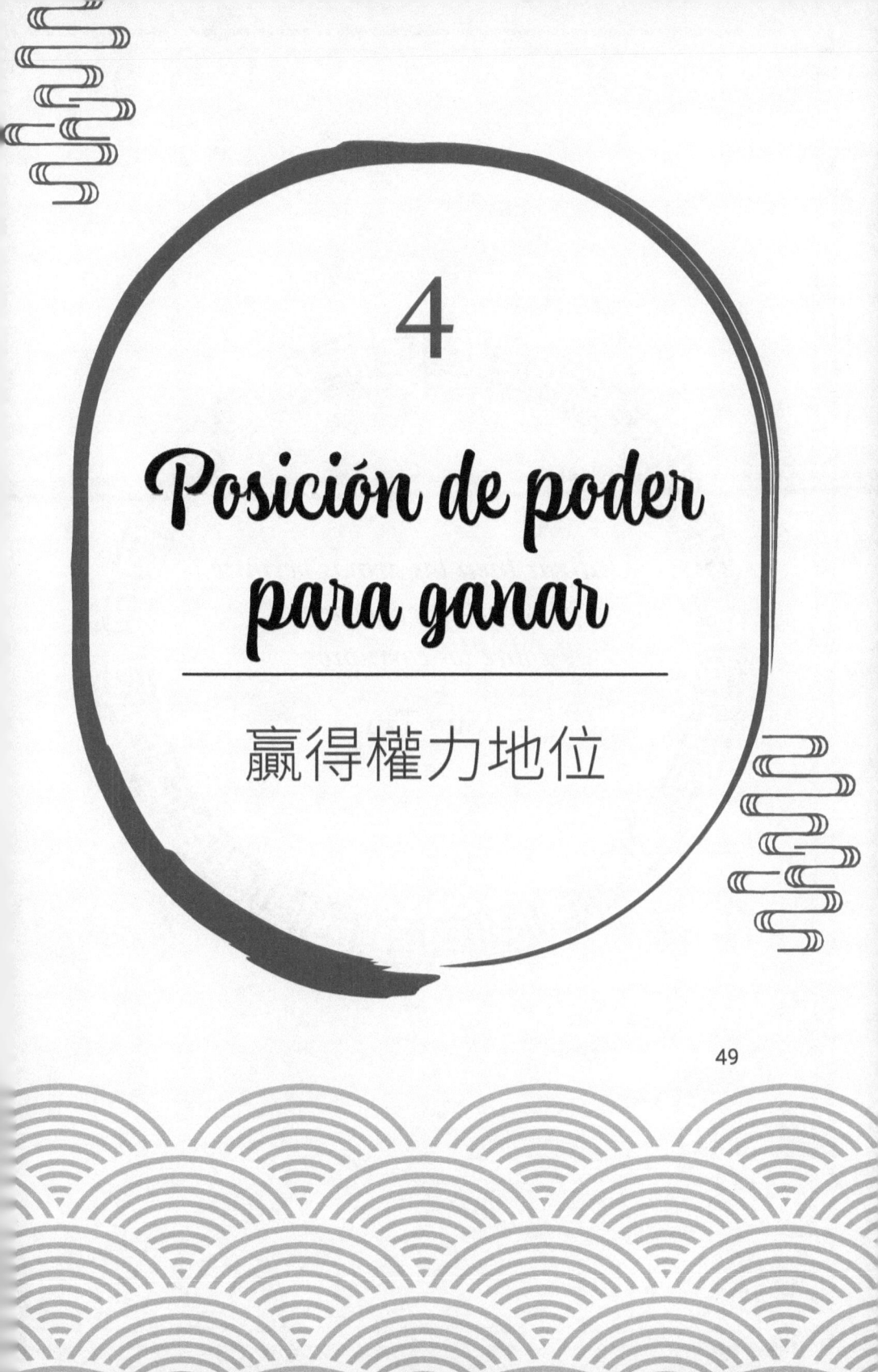

4
Posición de poder para ganar

赢得權力地位

Utilizar bien las armas permite gobernar prevaleciendo sobre los corruptos.

Sun Tzu

Qué tal si no se inicia la guerra porque sí. En las antiguas épocas, antes de ir a la guerra los expertos se aseguraban primero en cómo ser invencibles, en conocer sus capacidades, en saber hasta dónde llegar para ser vencedores. Después se aseguraban de conocer al adversario, sus capacidades, sus alcances y sobre todo su vulnerabilidad. Antes de ir a la guerra es mejor asegurarse de conocerse a sí mismo, y luego conocer muy bien al opositor. **(1)**

Parte también importante antes de ir a la guerra es la seguridad y el convencimiento que de hecho ya se es ganador, mientras que el adversario es el seguro perdedor y quien tiene el más alto grado de vulnerabilidad.

Claro es, que surge aquí un concepto bien importante dentro de la planeación estratégica de una guerra. Puede haber convencimiento y seguridad completos sobre las capacidades y ventajas con las que se cuenta para vencer, pero aunque se conozca al adversario con sus debilidades, nunca se puede hacerlo vulnerable o perdedor. **(2)**

Llegan el momento y la oportunidad de usar la percepción dentro de las estrategias de batalla. Llega el momento de concentrarse y percibir las ventajas y desventajas de la guerra por emprender. Seguramente se perciben muchas oportunidades, pero atentos, también hay que percibir los inconvenientes, lo que no es favorable… recuerden que no todo salta a la vista, no todo siempre aparece.

El enemigo inteligente está haciendo lo mismo. Además de conocer al opositor, hay que incluir la percepción para encontrar la forma y la oportunidad de vencerlo… hay que percibir la victoria y cómo llegar a ella. La victoria no se fabrica, se logra. **(3)**

Cómo abordar los conceptos escasez y abundancia en términos de guerra. Si no se siente al ejército con la suficiente capacidad para salir al combate o a la guerra se podría estar hablando de escasez. No es tiempo para luchar, es tiempo para la defensa, para esconder las maniobras de ataque y dar un paso atrás para buscar perspectivas mejores. Por el contrario, se habla de abundancia cuando además de la intención, se dan las condiciones necesarias de capacidad, fuerza, superioridad y demás que permiten ir a luchar, ir al ataque con seguridad. Es decir, cuando la escasez es la mayor inseguridad es tiempo de preservar las fuerzas, cuando la abundancia es persistente y apabulladora es hora de ir al ataque con la seguridad de terminar victoriosos. **(4)**

Todo el mundo elogia la victoria después de la batalla. Pero cuando la victoria es la esperada, que de hecho se ve venir casi sin planear, no es una victoria que represente destreza; representa simplemente lo esperado: el triunfo. Esto quiere decir que la victoria, aunque suene como victoria, no siempre es realmente buena y elogiable. Una victoria para elogiar es aquella que se consuma después de un exhaustivo análisis, después de mucha planeación estratégica, después de buscar la minucia de lo bueno, lo malo, lo vulnerable, lo inesperado… es la victoria que se alcanza cuando se piensa que es imposible. La victoria para elogiar es la victoria que realmente se consigue con destreza en el ataque. **(5)**

Es necesario hablar de que antiguamente eran considerados como buenos guerreros todos aquellos que sencillamente ganaban una batalla, cuando no se necesitaba mayor esfuerzo. Nadie puede considerarse buen guerrero ni luchador si su victoria se basa solo en el enfrentamiento y el conflicto armado. Una gran victoria es la que se da usando la inteligencia y el análisis de lo oculto, de lo que no se muestra a primera vista, de lo obliga a ver más allá de lo que se ve y se conoce. **(6)**

Las grandes victorias de los grandes guerreros se deben a la fortaleza, la fuerza y la destreza, no a la suerte. Las grandes victorias no son el resultado de la casualidad, son el resultado de la seguridad, del conocimiento del bando contendor y de imponerse sobre él, conocedores de que de hecho, ya es una bando perdedor. **(7)**

Para continuar con las tácticas de los buenos guerreros es importante anotar varios aspectos que no hay que perder de vista antes de una guerra:

1. Siempre hay que ubicarse en el terreno que beneficia, un terreno que solo garantice la victoria.

2. En ningún momento olvidarse de las condiciones importantes que hacen al adversario propenso a la derrota.

3. Como guías de un ejército superior, hay que ganar, primero con la planeación de sus estrategias y luego sí ir a la batalla; todo lo contrario de un ejército perdedor que se dedica a luchar sin planear la búsqueda de la victoria. **(8)**

Además, como líderes o guerreros, quienes son de carácter cultivan la moral, respetan la leyes, las siguen y se unen a los métodos disciplinarios con el fin de estar por encima de los corruptos. No atacan sin necesidad, respetan tanto a los ciudadanos como a los prisioneros de guerra, son dueños de su poder y son capaces de ejercer el control con facilidad. **(9)**

Retomando el tema militar específico, existen cinco reglas que permiten establecer mediciones o comparaciones para determinar el camino de la victoria o la derrota.

Medición. Es la medición del terreno, del espacio, de la temperatura, de la cantidad de tiempo, del número de soldados... de por sí, todos los aspectos que permiten contar con datos seguros y confiables para predecir algunas características antes de un enfrentamiento.

Valoración. Con los datos anteriores se da la oportunidad de hacer la valoración: qué es bueno, qué es malo, qué está a favor, qué en contra...

Cálculo. Si se observa detenidamente, a estas alturas ya se pueden hacer los cálculos necesarios para establecer las estrategias propias del enfrentamiento a realizar porque ya se conocen los factores y aspectos que son competencia de la guerra.

Comparación. Ahora ya existen parámetros y líneas que permiten comparar los factores que intervienen en el combate. Con la comparación de estos parámetros aparece la gran realidad para buscar respuesta a la pregunta... ¿Qué es pertinente aplicar para llegar a la quinta regla: la victoria?

Victoria. El resultado seguro de haber cumplido y atravesado analíticamente por las cuatro reglas anteriores. **(10)**

Finalmente, hay que decir que un ejército vencedor es un ejército grande, un ejército que honra a su pueblo y por supuesto también lo convierte en el gran victorioso de la contienda. Es un ejército que, bajo el liderazgo de sus rangos mayores, supo conducirse por los terrenos altos y bajos, difíciles y fáciles y que se ve como un grande y caudaloso río que lleva sus aguas con fuerza y arrastra con ellas las quebradas y pequeños riachuelos. Sus fuertes corrientes son respetadas y temidas. Siempre están en posición para vencer y ganar. **(11)**

Profundicemos en "posición de poder para ganar"

(1) Es sencillo pensar que ir a la guerra significa tener muy buenas armas y muchos soldados para luchar. De hecho, es cierto, pero antes hay que tomar precauciones y establecer todas las características que permiten conocerse a sí mismo y al adversario. Y conocerse incluye capacidad, destreza, habilidades, tanto de nuestras tropas como del bando al que se va a enfrentar.

(2) Se habla acá de la importancia de la seguridad de conocer las ventajas sobre los opositores en la guerra, y la importancia de ir a ella seguros de ser vencedores e invencibles; pero también de la importancia de no olvidar que, aunque en el enemigo se vea vulnerabilidad e inferioridad, no es seguro que sea perdedor. Es la estrategia de la seguridad, pero también de la precaución. Según Sun Tzu *"La invencibilidad está en uno mismo, la vulnerabilidad en el adversario"*.

(3) La victoria no llega solo por imaginación y por confianza… La estrategia incluye el análisis profundo de lo que se conoce y no se conoce del enemigo. También juegan papel importante la inteligencia y la percepción. Es aprovechar la capacidad de percepción para predecir el orden de batalla del adversario, con la finalidad de estar en grado de superioridad sobre él y para preservar la propia seguridad. Si además de estar seguro de conocer las capacidades y debilidades del enemigo, se está seguro de percibir por dónde está su vulnerabilidad, es el momento de atacar con la confianza de vencer.

(4) En situaciones de vulnerabilidad lo mejor es esquivar el ataque, ir a la defensa, esconder las huellas, hacerse invisibles, no permitir que el enemigo perciba nuestra debilidad, nuestra escasez… Pero en las situaciones contrarias, las de fortaleza, superioridad, abundancia, es la oportunidad de que el oponente nos conozca y nos reciba; el momento de actuar con velocidad, con sorpresa y ejecutar todas las maniobras de ataque necesarias para conseguir la victoria total.

(5) Siempre en cualquier clase de batalla o enfrentamiento se espera la victoria, y de hecho es el objetivo; pero la victoria especial y total es la que llega como consecuencia del empoderamiento, de la destreza, de la lucha contra lo imposible. Es ideal para un ejército que se le elogie por toda su preparación y conocimiento, el que le dio la enteraza y la capacidad para conseguir la victoria, aún con muchos factores negativos y en contra.

(6) Según Sun Tzu *"No se requiere mucha fuerza para levantar un cabello, no es necesario tener una vista aguda para ver el Sol y la Luna, ni se necesita tener mucho oído para escuchar el retumbar del trueno"*. Dicho sea de paso, lo que Sun Tzu quería decir era que levantar un cabello es fácil; ver el Sol o la Luna es algo de todos los días; escuchar un trueno es gracias a que el sentido del oído lo permite. Es decir, no se necesitan capacidades ni habilidades especiales. Desde este punto de vista, nadie es sabio ni genio, ni buen guerrero.

(7) Nos estamos refiriendo a que en la batalla los ganadores van a la guerra como ganadores, sin cometer ningún error. Significa vencer a un enemigo, que de hecho ya se sabe que está vencido. Lo buenos guerreros no hacen de la guerra una posibilidad para ganar, crean una situación para vencer.

(8) Se plantea en este aparte la gran diferencia que existe entre un ejército donde sus guerreros usan las estrategias planeadas, estudiadas y establecidas para situarse de manera que sea imposible su derrota, frente a un ejército que va al combate sin ningún plan preestablecido y que de hecho, en la primera oportunidad será vencido por el enemigo.

(9) Se ratifica que tanto en la vida civil como en la militar el orden de las cosas, el cumplimiento de las leyes, el establecimiento de las normas, crean según el caso, pueblos o soldados disciplinados, incapaces de ignorar las leyes y sí o sí, por el contrario, en compañía de sus líderes, llegar hasta donde sea necesario para vencer a los corruptos.

(10) No hace falta explicar mucho, tan solo que hay cinco reglas militares por seguir, y que de su estricto cumplimiento depende en gran parte la estrategia de un ejército vencedor.

(11) En otras palabras los ejércitos vencedores son grandes y respetados, mientras que los perdedores son olvidados. Los ríos caudalosos nunca se desafían y cuando es necesario cruzarlos, se requiere reunir todas las tácticas posibles para no ser presa de su caudal.

5
Ímpetu, fuerza y pericia

動力、力量和專業知識

Cuando se entabla una batalla de manera directa, la victoria se gana por sorpresa.

Sun Tzu

Que la guerra y cómo dirigirla no limite el camino a la victoria. Para liderar un grupo de personas muy grande, la mejor opción es crear otros grupos más pequeños a los cuales se pueda llegar en primera voz, e impartir los lineamientos de la dirección sin temor a la distorsión del mensaje, o a no ser escuchado.

Y en la guerra pasa lo mismo. Sin importar cuán numeroso es un grupo para dirigir, el control para manejarlo es el mismo que se sigue para un pequeño grupo. Así que la mejor solución es dividir al gran grupo y manejar el control de cada uno de los grupos pequeños; de por sí, es una gran estrategia militar. ¿Qué es importante…? Que cada una de estas divisiones y los individuos que la conforman, interpreten los mismos signos y señales. **(1)**

Usar varios métodos para combatir al enemigo sin tener miedo o ser susceptibles de la derrota es válido. En ocasiones no debe importar si esos medios son o no aceptados o admitidos. Seguramente es criticable, pero en la guerra, si es necesario, hay que recurrir incluso a la manipulación, o al ataque inesperado, o a la sorpresa, sin perder el objetivo: permanecer inquebrantables y ejecutar con pericia el ataque y la operación militar planeada. Es decir, con métodos ortodoxos o menos ortodoxos la ruta ha de buscar siempre vencer al adversario con el menor daño posible. **(2)**

Valorar al ejército contrincante y percibirlo más allá de lo que se ve, ya es un medio bastante ortodoxo que se tiene para iniciar un combate, y más si se logra que ese ejército con el cual es el enfrentamiento se acerca y viene a combatir; ¿qué ocurre entonces? Que cuando el adversario es quien se acerca, la fuerza del ejército a nuestro cargo está tranquila y sin mayor esfuerzo. Así que la respuesta de contraataque es como arrojar piedras enormes sobre un montón de huevos… donde las piedras son muy fuertes para que los huevos soporten los golpes; todos se rompen. **(3)**

Los expertos en métodos, válidos o no, afirman que estos son inagotables y cambiantes. Cada uno de ellos, los métodos, llevan al final de un combate, que después de nuevo comienza con otro combate. Nacen y se desvanecen día tras día, combate tras combate, y como son inagotables e indescriptibles, vencer será siempre el resultado de un ataque sorpresa. **(4)**

Qué tal si se aplican a los términos de guerra y pericia militar, situaciones como las que afirman que en las notas musicales hay tantas variables, que hay unas que el oído no las puede percibir. Que aunque se habla de solo cinco colores básicos, son tantos los tonos que no todos se pueden ver. Y así con muchos otros conceptos: olores, sabores… En términos militares los ataques pueden ser de dos formas: **ordinarios y directos** o los ataques **extraordinarios y por sorpresa**. Aunque son en principio dos formas de ataque, sus variantes son innumerables, de tal manera que no siempre pueden ser establecidos ni percibidos por parte del enemigo.

Dentro de estas formas de ataque hay variantes como la rapidez, la sorpresa, la fuerza del ímpetu, la precisión, todas tan cambiantes que hacen infinitas las posibilidades de atacar. Unas veces con precisión, otras con mucha rapidez, otras con mucha fuerza, siempre en pro de nuestro ejército y en detrimento del adversario. **(5)**

A veces cabe pensar que la estrategia en la guerra es como un mundo de apariencias. Suena extraño, pero sonará más claro si se dice que para que haya desorden, primero hay que crear orden en la estructura de combate y en la operación militar. Que el ejército tiene que ser muy valiente, para poder fingir cobardía y tener mucha fuerza para fingir debilidad.

Es decir que, si se simula desorden, seguro detrás hay disciplina y orden; que si se aparenta miedo, detrás hay mucho coraje y que si se muestra debilidad es porque existe mucha fortaleza. **(6)**

Toda esta maestría en el arte de manejar los métodos y la pericia en el combate, normalmente son maniobras para hacer que el enemigo los siga con el propósito de hacerlo caer bajo una emboscada. Todas son estrategias con un único objetivo: el triunfo. Manejar, manipular y convencer al enemigo son características del ímpetu y del arte de la guerra. **(7)**

La efectividad en la batalla se centra en la fuerza del ímpetu de todo el grupo de soldados y no en la fuerza de cada soldado. Quiere decir que se seleccionan las labores a ejercer, pertinentes según las capacidades, actitudes y habilidades de los individuos. Esa tarea la hacen los buenos guerreros cuando se toman el tiempo para conocer a fondo el pie de fuerza que les acompaña. Quién es mejor en la guardia… Quién es mejor en la comunicación o en el diseño de las estrategias… Escoger bien y fijar las responsabilidades adecuadas es permitir que la fuerza del ímpetu haga su trabajo y dé sus frutos. **(8)**

Para finalizar, vale la pena profundizar sobre lo que es la fuerza. Consiste en llegar a la batalla con pericia, conduciendo soldados dispuestos a luchar, que siguen paso a paso los lineamientos de estrategia establecidos. Son soldados totalmente adaptables a la situación que disponga el curso del combate. Es decir, comportarse como troncos en los terrenos inclinados para rodar con facilidad o quedarse inmóviles si es necesario cuando el terreno es plano. **(9)**

Profundicemos en "ímpetu, fuerza y pericia"

(1) Como estrategia, los guerreros dividen su ejército en formaciones. Se valen del despliegue de las tropas en escuadrones para facilitar y dar a conocer los lineamientos, las estrategias y contar con el pie de lucha, todos elementos necesarios para ir a la guerra.

(2) Se habla de utilizar uno u otro medio, pero igual no quiere decir que son tácticas de carácter obligatorio, recurrente o fijo. Esto es parte de cada situación, son decisiones que un buen guerrero toma, recurriendo al aspecto del que ya hablamos anteriormente: percibir el orden de batalla del enemigo y recurrir al factor sorpresa previo al ataque, sin permitir que él lo prevea.

(3) Si es el enemigo quien provoca el ataque, de hecho, se da lugar a la manipulación porque no percibió nuestro poder, lo cual resulta ser un buen método ya que el desgaste es de parte de él, mientras las fuerzas de nuestro ejército están vacías... Vacías porque no hay esfuerzo; simplemente el enemigo se acerca para el combate y se encuentra enfrentando el poder y el control, que se logran como consecuencia del conocimiento de sus puntos fuertes y débiles.

(4) Todas las tácticas y estrategias que se utilicen, si se utilizan con eficiencia siempre son cambiantes e inagotables; es decir, terminan para comenzar de nuevo. Si esos métodos no son percibidos por el enemigo, cada combate asegura un triunfo y otro y otro, hasta llegar a la victoria final de la guerra.

(5) Basta con decir que tanto el método **directo** como el **extraordinario** se pueden mover y aplicar una y otra vez, y además desde diferentes perspectivas, dando lugar a innumerables formas de ataques estratégicos. Son muchas las posibilidades de combinación que se pueden obtener con resultados impredecibles para el enemigo. De la fuerza del ímpetu de las tropas y su fortaleza dependen los combates que llevan al final de la guerra con la victoria alcanzada.

(6) Si dentro de las estrategias de batalla se utilizan el engaño y las apariencias, y se usan máscaras, sencillamente se está dando origen a las operaciones militares vencedoras, dado que detrás de esas máscaras hay un grupo de soldados, existen unas tropas valientes y con algo que se denomina fuerza de ímpetu, actitud empoderadora dentro de las leyes de guerra. En palabras de Sun Tzu *"El orden y el desorden son una cuestión de organización; la valentía y la cobardía son una cuestión de ímpetu; la fuerza y la debilidad son una cuestión de la formación de batalla"*.

(7) Se trata simplemente de emitir señales de debilidad, de agotamiento para dar al enemigo la impresión de estar en desventaja frente a él y sembrar la esperanza de ir con todas las ventajas del vencedor.

(8) Dicho de otra forma, el líder combatiente capaz y estratégico no exige a todos los hombres por igual; utiliza su inteligencia para exigir a los hombres indicados de acuerdo con las habilidades asignadas. Sus soldados se convierten en expertos y se sienten fidelizados a su escuadrón para unirse en la consecución de la victoria.

(9) Se combate con soldados capacitados, que siguen instrucciones, que se convierten en individuos cumplidores de las normas militares, establecen alianzas entre sí para crear estrategias de combate de acuerdo con sus capacidades, que conocen las dificultades del terreno, del clima y la pericia para convencer al enemigo que está en campo seguro y lleva la ventaja.

6
La estrategia de fuerza y cambio

武力與改變的策略

*En consecuencia, los buenos
guerreros hacen que los
demás vengan a ellos,
y de ningún modo se dejan
atraer fuera de su campo.*

Sun Tzu

Hay un viejo adagio que dice: "Quien pega primero, pega dos veces". Palabras más, palabras menos, es una afirmación aplicable en un campo de batalla, pues fácilmente se da la misma situación.

El ejército que llega primero al sitio de batalla y con tiempo para esperar a su contendor, por obvias razones está descansado, preparado para atacar y con todas las ventajas a su favor. Por el contrario, el bando que llega después, también por obvias razones llega agotado y sin el tiempo mínimo necesario para prepararse antes de iniciar el combate, sin contar además con el agotamiento inherente de los miembros que lo conforman.

Es por eso por lo que quienes son buenos guerreros y conocen de estrategias de combate, buscan siempre que sea el adversario quien venga hacia su terreno y nunca por ningún motivo permiten que sus tropas se movilicen fuera de su campo de acción. **(1)**

¿Y qué motiva a un grupo adversario para ir en busca del combate…? Sencillamente tener la seguridad de ganar. Pero igual, también lo desanima pensar que va a salir damnificado y en desventaja.

Así que nunca se debe olvidar que, aunque el adversario esté en posición de ganar, en posición ventajosa, siempre es posible ponerlo en desventaja, agotarlo, hacer que su fuerza se convierta en debilidad. Además, está en posición favorable mientras se le permita; sin embargo, puede ser vencido. Si está descansado y con mucha fuerza, hay que buscar la forma de cansarlo; si tiene alimentos, hay que arrebatárselos; si está quieto y tranquilo, hay que obligarlo a ponerse en movimiento. Es necesario convertir sus ventajas en fortalezas a nuestro favor. **(2)**

Y hay muchas otras formas de dominación para acabar y debilitar al enemigo, como aparecer frente a él en los sitios menos esperados sin dejarle saber cuándo. Para facilitar el desplazamiento y conseguir este objetivo, con el fin de que el pie de fuerza no se desgaste si es necesario recorrer muchos kilómetros, lo ideal es hacer el recorrido y conducir a los soldados por terrenos que estén deshabitados. Algo muy importante también es atacar cuando el adversario está sin fuerza y desprotegido, porque es mucho más fácil vencer y defender cuando no hay ataque.

Es así como para los conocedores de estrategias y sistemas de ataque seguro y con resultados eficientes, la mejor opción es que nunca el enemigo sepa por dónde atacar ni cuándo va a ser atacado. Parte de la fortaleza de un escuadrón de batalla es mantenerse de frente pero escondido, de tal manera que niegue al contendor la opción de saber cómo y por dónde llegar. **(3)**

A lo largo del texto varias veces se ha hecho énfasis en que en la guerra todo es estrategia. Pues bien, una vez más es necesario resaltarlo, máxime si se toca ahora el tema de la necesidad de que los ejércitos expertos y ganadores permanezcan de la forma más silenciosa e invisible posible, ante un proceso de combate. Mientras las tropas sean más silenciosas y discretas, más se está por encima del adversario sin darle la oportunidad de resistirse. Buscar los aspectos débiles del conjunto rival será el punto a favor para conseguir la victoria. Pero importante... No hay que olvidar que después del ataque, después de aplicar las estrategias planeadas, después de estar por encima de él, es momento de emprender la retirada, que debe ser un movimiento de mucha astucia y rapidez; cuando se habla de rapidez se hace referencia a ser más rápido que el adversario. **(4)**

Aunque parezca difícil de creer, o más bien no posible, cuando se quiere entrar en batalla, así el enemigo se encuentre atrincherado, oculto y en posición defensiva, puede ser derrotado. Basta con atacarlo cuando es vulnerable, en el lugar en que obligatoriamente tiene que buscar de inmediato su supervivencia.

Y si es el caso contrario, es decir no se quiere ir a la batalla, el adversario tampoco puede combatir por mucho que quiera sobreponerse, si ha recibido pistas falsas, si no conoce nuestra ubicación y posee información incompleta que le genera incertidumbre. Es claro entonces que batalla no siempre es ir a enfrentar a un escuadrón y vencerlo, es analizar las condiciones favorables y desfavorables que rodean al bando enemigo y las condiciones favorables y desfavorables que nos rodean. **(5)**

Se puede afirmar que el profesionalismo y la pericia en la guerra buscan siempre doblegar al adversario; tienden a dirigirlo a hacer una formación y obligarlo a dividirse, situación que lo hace débil e inferior en el enfrentamiento.

Cuando el ejército y las tropas están en concentración son un gran conjunto de individuos que forman una sola pieza, es decir, son muchos hombres para atacar, lo cual resulta peligroso e inseguro. Si esa gran pieza, ese grupo de soldados compactos se divide, permite que el combate sea más seguro, porque atacar a unos pocos, por lógica, por parte del enemigo solo hay una respuesta débil y diezmada. **(6)**

En el momento de concentrarse, un ejército debe ante todo pensar en lo reservado y camuflado del sitio. Bajo ningún motivo ha de saberse la ubicación. El enemigo no puede atacar ni crear una operación de ataque a quien no puede ver ni encontrar. Se ve obligado a establecer varios frentes, lo cual hace que tenga que dividirse, momento en el cual da la facilidad que se espera, que se le combata no como a un gran grupo de guerra sino como a grupos de pequeñas unidades.

Con un ejército dividido el contendor nunca tendrá seguridad completa ni unificada. Cuando logra asegurar una unidad, seguramente estará desprotegida otra. Cuando protege su flanco derecho, seguramente el izquierdo está en peligro. Es por eso por lo que se afirma que atacar a un ejército dividido es más seguro y se está más cerca de lograr la victoria que se busca. (7)

Si son muchos los soldados que conforman un ejército, el enemigo en desventaja se ve obligado a defenderse. Si son pocos los soldados, la situación es solo estar a la defensiva.

Conocer el lugar y la fecha de batalla permite ir hasta ella, aunque haya que recorrer muchos kilómetros de distancia. Es por eso por lo que una de las mejores estrategias de defensa en la guerra es no permitir que se conozcan el lugar y la fecha de ubicación. Cuando estos datos no se conocen, no hay la suficiente información para realizar un ataque o planear una estrategia, aunque el lugar esté muy cerca.

Vale la pena dejar claro que así se esté en superioridad y con más tropas que los demás, de nada sirve si no se conoce el sitio ni la hora de batalla.

Así es como se dice que la victoria puede ser creada; si los adversarios no saben del lugar ni la fecha de un combate, siempre hay la oportunidad de vencerlos. (8)

Cuando el grupo enemigo es numeroso, también es posible dirigirlos hacia el combate. Pero cuando se da esta situación hay que trabajar con la astucia, la investigación y las estrategias. Es el momento de establecer objetivos con el fin de indagar acerca del adversario para conocer sus prioridades y por supuesto establecer las nuestras. No es hora de dejar nada al azar, sino de indagar hasta donde es posible, su esquema general de guerra y descubrir sus puntos débiles. **(9)**

Someter al enemigo significa también ponerlo a prueba para averiguar sus puntos débiles y sus puntos fuertes. Para evitar combates que terminen en derrota se hace necesario tener la capacidad de esconderse; de no generar ninguna pista en la formación, con el fin de asegurarse de que ningún espía o encubierto pueda descubrir o conocer algún informe o dato. Cuando se protege la información de las tropas se niega la posibilidad de diseñar estrategias, y sin estrategias no puede haber ningún esquema de combate. **(10)**

Si se obtiene una victoria sobre multitudes es importante no dar a conocer ni la formación, ni el sistema general de combate. Dicho de otra forma, si se termina vencedor, no hay por qué dar a conocer la forma de vencer.

Cada combate es diferente, cada situación vive una experiencia. Así que se puede concluir que la victoria en la guerra no es un mecanismo repetitivo; más bien es adaptable según la forma y situación. **(11)**

Para terminar este capítulo vale la pena determinar lo importantes que resultan los cambios cuando se está en combate. En la guerra no es fácil repetir las estrategias porque siempre es necesario buscar la mayor información posible sobre el bando enemigo con el fin de adaptarse a él y a sus métodos. Es permitir que el mismo adversario muestre hacia dónde dirigir la planeación de la operación militar para conseguir la victoria final. Es ser conscientes de que una operación militar, aunque se rige por ciertos parámetros generales, nunca es constante, pues cabe saber y tener claro que la superioridad, la fuerza, las estrategias son reales y efectivas en la medida que haya disponibilidad de adaptación para planearla según las características, fortalezas y debilidades del enemigo. **(12)**

Profundicemos en "la estrategia de fuerza y cambio"

(1) Aparecen dos palabras: lleno-vacío, pero en términos de la milicia y la guerra. Si se logra que el adversario llegue a buscar batalla, a conocer el terreno para iniciar un combate, su fuerza está vacía; es decir, su fuerza está disminuida porque presenta el desgaste mismo del esfuerzo por combatir. Por el contrario quien comanda, el ejército que llega primero, quien espera y no sale a combatir es poseedor de fuerza y valor. Su fuerza está llena como resultado de vaciar, de aprovechar el desgaste y la fortaleza del enemigo.

(2) Pero qué significa agotar al enemigo, qué significa ponerlo en movimiento o arrebatarle el alimento. Significa atacarlo en el momento menos esperado, descubriendo sus escondites, interrumpiendo el suministro de provisiones, obligándolo a correr para salvar su vida… En conclusión, desbaratando por completo su organización y estrategia de operación planeada.

(3) En resumen atacar siempre por sorpresa con el fin de que el enemigo no pueda defenderse, hace más fácil la labor, puesto que, si no hay defensa, tampoco se necesita mayor fuerza de ataque. La inteligencia de los expertos, los lleva a dirigir a sus soldados con firmeza y lealtad, para recibir lealtad y la seguridad de que, bajo ningún punto de vista, sus soldados permitirán al enemigo siquiera sospechar de su pericia y forma de ataque. Con tal firmeza y seguridad, el enemigo está en desventaja y ni sus altos rangos, ni las bases militares tendrán la visión necesaria para hacer una buena defensa.

(4) Se deduce entonces que en todas las operaciones militares debe predominar la astucia para vencer al enemigo con rapidez. Velocidad para quitarle su autonomía, velocidad para dominarlo, velocidad para sorprenderlo, para descubrir sus puntos más débiles y finalmente vencerlo.

(5) Cuando el enemigo llega directo a generar un ataque, lo mejor como estrategia es evitar la batalla y más bien con astucia y rapidez, características de la gestión militar, hacer cambios inesperados, distorsionar las coordenadas de ubicación, suministrar información confusa y falsa para crear el desconcierto. El desconcierto, la confusión, la inseguridad, la falta de información, entre otros, en el momento de atacar, no le dan al enemigo o atacante la oportunidad de ser un bando vencedor.

(6) Estar atrincherado y en concentración hace que nuestros individuos o nuestro ejército se haga más fuerte, compacto y seguro en sus movimientos y avances, sin permitir nunca que se filtre nada de información de sus tropas; igualmente seguro para salir de las barricadas y atacar de forma contundente y

vencedora a un enemigo que recibe todo el peso de la fuerza de muchos sobre pocos.

(7) Cuantos más puestos de mando y lugares de guardia tenga un ejército, cuanto más dispersas las tropas, son más susceptibles al ataque de un ejército fortificado, porque el ataque se reduce a vencer a pequeñas unidades.

(8) Siempre que el enemigo se ve obligado a establecer muchos puestos de vigilancia, su defensa se debilita. De otro lado, si no conoce el lugar y hora de batalla, de hecho, es casi segura su derrota, así el ejército tenga tropas numerosas.

Entonces es seguro que, si se mantiene en secreto el sitio de la batalla y el cuándo, siempre se está en ventaja y con toda la posibilidad de alcanzar la victoria.

(9) Dirigir al enemigo al combate significa atraer su atención para investigar sus hábitos de batalla, sus métodos, su ubicación, esta última de mucha importancia; saber todo acerca de su organización, lo cual puede representar su derrota; es sacar ventaja de lo que se sabe de él para usarlo en su contra. Hay que recordar que Sun Tzu hace énfasis en que es posible someter al enemigo sin tener que luchar.

(10) Se trata de camuflar o esconder las tropas de un ejército sin dejar huellas, como si fuera un ente inexistente sin capacidad para combatir; buscar que los líderes enemigos a cargo no tengan la posibilidad de planificar ninguna acción.

(11) Quiere decir que las estrategias no se diseñan a nivel general, no es un método aplicativo para todas las guerras, apenas es un método orientador o guía, adaptable a cada caso y a cada tipo de adversario. Por ejemplo, si el adversario no está preparado, se aprovecha esa debilidad, el imprevisto, la sorpresa y se obtiene la victoria, partiendo de esa situación. O si se enfrenta no a un enemigo sino a varios, se puede por ejemplo intentar enfrentarlos a partir de su propio agotamiento… Se usa una estrategia diferente. La victoria en la guerra no es repetitiva.

(12) Este capítulo se resume con mucha facilidad tomando textualmente las palabras de Sun Tzu: ***"Las formaciones militares son como el agua: la naturaleza del agua es evitar lo alto e ir hacia abajo; la naturaleza de la fuerza militar es evitar lo lleno y atacar lo vacío; el flujo del agua está determinado por la tierra; la victoria de la fuerza militar viene determinada por el adversario.***

Así pues, una fuerza militar no tiene formación constante, lo mismo que el agua no tiene forma constante: se llama genio a la capacidad de obtener la victoria cambiando y adaptándose según el enemigo".

7
Movimientos en la lucha armada

武裝鬥爭中的運動

La lucha armada puede ser provechosa y puede ser peligrosa.

Sun Tzu

Dentro de la reglamentación de un Estado se incluye que las fuerzas militares reciban órdenes de la autoridad civil; una vez recibidas, el mayor al mando reúne y concentra las tropas, las acuartela y se dispone a diseñar la planeación estratégica para el combate que va a enfrentar. No ha de olvidarse que ninguna lucha armada es sencilla. De todas maneras, es una situación de enfrentamiento en la que nunca se sabe cuáles serán los resultados. **(1)**

Como en todo, en la lucha armada también hay que establecer algunas metas y objetivos, unas veces con éxito para la estrategia, otras no, pero al fin y al cabo son parte de la contienda, puesto que se trata de buscar acortar distancias y ver en los problemas oportunidades. **(2)**

En la lucha armada se juega con el contendor, se le convence de que la ubicación nuestra está muy lejos, atrayéndolo y generándole la confianza para ganar. Para lograr esta percepción en el enemigo hay que recurrir al uso de estrategias que lo convencen sobre el hecho de hacer que las distancias sean más cercanas. **(3)**

Cuando se dice que la lucha armada puede ser provechosa y puede ser peligrosa, se piensa en una expresión ambivalente. Provechosa y peligrosa… Así es. Es decir que esta expresión invita a reflexionar acerca de que la lucha armada siempre es difícil y no garantiza nunca que los resultados sean positivos. Es llegar a un combate con la seguridad de ganar, pero con la incertidumbre de ser derrotado. Si la guerra termina bien para un bando fue una lucha provechosa, pero para el ejército perdedor fue una lucha peligrosa e insuficiente. **(4)**

Podríamos seguir hablando de contrastes y hechos de la batalla que parecen ser contradictorios. Por ejemplo, mover todo un ejército con el fin de obtener ventaja es un proceso que toma tiempo; pero tampoco está bien ir a la batalla para conseguir un triunfo con apenas una parte del ejército; pareciera que no se cuenta con los suficientes medios.

Si se recorren kilómetros de kilómetros, más de lo habitual, y además sin descansar, las tropas se desestabilizan, los soldados se dividen; los más fuertes llegan primero, pero los que no son tan fuertes llegan agotados y sin capacidad de combatir. **(5)**

¿Qué sucede con un ejército agotado? Sin muchas oportunidades, sin provisiones, un ejército sencillamente perece. Queda derrotado sin siquiera pelear, pues sencillamente su derrota es el grupo de agravantes que lo rodean: el hambre, la sed, el frío, las distancias por recorrer, entre otras muchas causas que de por sí, son factores esenciales en la pérdida de la batalla por parte de un ejército. **(6)**

Para evitar quedar como un ejército no equipado y en desventaja, es importante tener siempre por fórmula estratégica conocer lo más de cerca posible las características del bando rival; si no es así, no es prudente presuponer o hacer apuestas sobre terrenos no conocidos. Es necesario conocer los planes del enemigo; los siguientes próximos pasos que va a dar; la clase de terreno donde se mueve: pantanos, montañas, desfiladeros. Si se está seguro de este tipo de detalles se puede buscar la victoria; de lo contrario, se sugiere no planear sobre lo desconocido. **(7)**

Se puede concluir que definitivamente y como ya se ha dicho, la operación militar trabaja con el engaño para establecer las pautas de batalla; luego, con base en esas pautas se moviliza con la esperanza de estar en ventaja y alejar la derrota y, finalmente emplea los procesos de división y combinación entre las tropas con el fin de confundir con sus movimientos, la respuesta del enemigo. Esta estrategia puede ser una forma de conseguir la victoria. **(8)**

Para continuar con la operación militar, además de la estrategia del engaño o la combinación de tropas, hay unos elementos esenciales por tener en cuenta ante una acción de guerra. Se habla de realizar movimientos con rapidez en el momento oportuno: en tanto se ataca, igual se desaparece; hacer movimientos lentos cuando es el caso, o lo que es lo mismo, realizar un ataque en orden y organizado; hacer movimientos fuertes que significan estrategias de ataque destructoras y violentas; o si es necesario, recurrir a la inmovilidad y a la quietud, es decir, reconocer que lo mejor es no ejercer ninguna acción. Se trata simplemente de saber qué opción tomar según el ataque por realizar o las características del rival a enfrentar. **(9)**

Cada movimiento que se proyecte en una batalla tiene objetivos específicos; pero cada uno definitivamente debe ser un movimiento que retumbe como un trueno; sin embargo, antes de él, la operación debe ser tan meticulosa, oscura y callada que no se pueda percibir. ¿Y cuál es uno de esos objetivos? Planear el ataque para que se dé con rapidez, pero también planear cómo tomar las provisiones del enemigo para reducirlo. Dividir las tropas en pequeños grupos es lo sugerido porque da la posibilidad a cada uno de esos grupos de tomar lo que necesita de su contendor.

Se insiste de nuevo que previo a cada ataque, a cada batalla, siempre se debe optar por el análisis del bando opuesto: sus capacidades, pero también sus debilidades; su ubicación y la clase de terreno en que se ubica y por supuesto el tipo de desplazamiento que significa llegar hasta él. **(10)**

Como las palabras y las indicaciones a veces no son escuchadas, se recurre a los ruidos, sonidos, estandartes, banderas, con el fin de que se conviertan en forma de comunicación perceptible y fácil para llamar la atención, concentrar y unificar en los oídos y en los ojos de los soldados señales importantes que permitan establecer acciones a seguir, según la interpretación de esas señales, que de hecho previamente se establecieron. Una vez que están unificados los sonidos y señales visuales, se unifica también la actividad en equipo, regla general del empleo de un grupo, en este caso un ejército conformado por muchos soldados.

Significa que en el campo de batalla se requiere la creación de lenguajes comunes a todos los soldados; de señales que indiquen dirección, suspensión de movimientos o de sonidos con mensajes específicos, con el fin de confundir la percepción y la respuesta del enemigo. Significa la creación de señales comunes a situaciones comunes de los participantes de un grupo. **(11)**

Cuando el enemigo está convencido del gran poder militar de quienes lo atacan, se presenta un agravante: que el ejército atacante tenga la energía de poder suficiente para ejercer tal influencia, que los generales y altos rangos del bando enemigo también se sientan abatidos y se desmoralicen. Se afirma inclusive que en tiempos remotos los habitantes de un pueblo tenían la firmeza necesaria para desmoralizar a quienes dirigían un combate y conseguir con ello una gran victoria.

Pero la fortaleza o energía de la que se viene hablando también tiene sus momentos máximos de ímpetu y sus momentos decadentes, factor importantísimo para considerar, dado que cualquier ataque que se genere debe hacerse bajo la medida de la energía y fortaleza del momento, tanto por parte del equipo atacante como del atacado. Cabe anotar que los momentos de energía viva y fuerte son cortos y fugaces; pronto llega la energía decadente que para el caso del enemigo se convierte en desventaja porque permite la llegada del atacante que lo llevará directo a la derrota. **(12)**

Es algo así como detectar en el adversario el desorden para enfrentarse a él, aprovechando de nuestra parte la calma y el orden. Es lograr hacer que el enemigo se sienta forzado a ir hacia el atacante, situación ideal en la operación militar porque siempre es ventajoso esperarlo con buena ubicación y con el cuerpo de lucha alimentado y fortalecido. **(13)**

Para terminar de hablar sobre los diferentes movimientos que se pueden manejar o a los que se puede recurrir en la lucha armada, también es necesario hablar de saber evitar confrontaciones cuando la situación no es ventajosa. Es decir, no siempre es oportuno atacar o invitar al combate. Estamos hablando de no confrontar grandes batallones organizados; no enfrentarse cuando hay de por medio una gran montaña que no permite visualizar el ejército que está detrás de ella; no atacar sin estrategia a tropas que se consideran muy expertas. Importante no consumir los suministros y alimentos de los soldados retirados o vencidos, ni detener a un ejército que ya se encuentra de regreso a su país de origen, después de una gran batalla. Lo anterior es tan solo un conjunto de leyes en las acciones militares, pero sí muy importantes para sobrevivir en términos de guerra. **(14)**

Profundicemos en "movimientos en la lucha armada"

(1) Cualquier enfrentamiento o lucha armada representa peligro y riesgo al fracaso. Y es así, porque se trata de luchar frente a frente tratando siempre de buscar las mejores ventajas a favor, tarea ardua y peligrosa dado que implica inducir al enemigo a percibir algo que es falso. Lo ideal es evitar el enfrentamiento y la lucha armada, pero en ocasiones y por circunstancias de orden político y de seguridad hay que convocarlo.

(2) En palabras sencillas y comprensibles es buscar engañar al enemigo bajo la estrategia de hacerle creer que la ubicación del ejército y las tropas está muy lejana. Con él convencido, es el momento de avanzar hacia la batalla y como no hay ninguna ubicación lejana, entonces se llega a la zona de guerra mucho antes que el oponente; desde ese instante ya hay una ventaja a favor. Esperar al adversario da seguridad y confianza para ejecutar el ataque.

(3) Una vez que el adversario ha sido convencido de las largas distancias, es el momento de actuar y atacar por sorpresa; al enemigo solo le queda preguntarse por qué una distancia tan larga se recorrió en tan poco tiempo. Lo que no sabe es que el vencedor inició su camino antes y desde un sitio mucho más cercano que el que se creía establecido.

(4) Realmente sin darle muchas vueltas a las diferentes interpretaciones que se dan ante la frase que afirma que la lucha armada puede ser provechosa o peligrosa, se puede concluir entre otras muchas situaciones que la lucha armada es provechosa para el experto, para el estratega, para el vencedor y peligrosa para el bando derrotado.

(5) Es de cuidado realizar desplazamientos largos y agotadores; como resultado del cansancio no habrá posibilidades de defensa. Si el adversario está en la posición de seguridad y reposo, seguramente está listo para realizar un ataque.

(6) Ir a la batalla con un ejército en desventaja significa más que nada ir a la derrota sin tener más opciones. Ningún grupo armado por valiente que parezca puede enfrentar a otro si está en desventaja; y estar en desventaja es estar sin provisiones, sin ubicación asegurada, sin dinero y por supuesto sin capacidad mental positiva para ir tras la victoria.

(7) Solo cuando se conoce la mayor cantidad de detalles y características del adversario, el tipo de terreno en el cual se moviliza junto con las condiciones de este, y el estado de los soldados que lo conforman, puede pensarse en unas buenas estrategias y acciones para guerrear y vencer.

(8) Cuando se habla de engaño definitivamente se refiere a estrategias para despistar al enemigo como se dice en el vocabulario popular; es decir ofrecer situaciones que creen falsas expectativas, que creen falsa información que den la seguridad de sorprender al enemigo y conquistar la guerra o una de las batallas, según el caso.

(9) Cuando se está en combate no pueden dejarse de lado en ningún momento ciertas formas de ataque por ejecutar, según las características que se presenten en el momento. Se puede dar un ataque de rapidez y precisión, aquel que se da sin avisar; un ataque de movimiento lento donde se utilizan las tropas como un grupo denso para cerrar el camino al rival. Existe el ataque que entra acabando con lo que se encuentra, arrasando con lo que se atraviesa, que destruye rápidamente como el fuego; o, definitivamente está la situación de permanecer en quietud, que significa acuartelamiento y reserva sin ninguna acción.

(10) Interpretemos la frase de Sun Tzu: *"Para saquear un lugar, divide a tus tropas. Para expandir tu territorio, divide el botín. Actúa después de haber hecho una estimación. Gana el que conoce primero la medida de lo que está lejos y lo que está cerca: esta es la regla general de la lucha armada"*.

Dicho de otra manera... Se refiere a tomar al enemigo vencido en el combate, o en desventaja, quitarle sus suministros y repartirlos entre todas las tropas, negándole la posibilidad de recuperar lo perdido. Actuar siempre después de hacer un análisis de estimación y estado de las tropas adversarias; actuar sobre terreno conocido, la victoria está asegurada.

(11) El campo de batalla es quizás por muy lejos el lugar donde más se necesita realizar acciones en grupo y por eso la necesidad estratégica de trabajar con tambores y estandartes o, en otras palabras, con sonidos y señales. Si es una batalla en la noche el lenguaje sonoro previamente establecido será el guía local y la clave para ejecutar ataques; de la misma forma las señales y los gestos serán herramientas de guía en los ataques diurnos. Si los lenguajes y señales se pactan con cautela y conocimiento previo del enemigo, hay la oportunidad de ejercer sobre él un gran poder militar.

(12) Es fácil explicar esto de la energía viva o decadente. En cualquier momento un bando se siente fortalecido y animado para atacar con toda la energía de que dispone, pero cuando realmente llega el momento del ataque, todo ese valor, toda esa fortaleza parece desaparecer y por momentos se apoderan el miedo y la inseguridad. Es de eso que se trata y por eso que se habla de aprovechar en un ataque, el momento de energía que vive el enemigo en el instante que se va hacia él, porque cuando la energía desaparece está asustado el ejército y desmoralizados sus generales.

(13) Para atacar a un enemigo en el desorden, es porque el ejército atacante tiene sus estrategias en orden, cuenta con las mentes de sus soldados en calma y tiene la capacidad para adaptarse a los acontecimientos, manteniéndose imperturbable, organizado y manejando la confusión del enemigo. Es la situación ideal y de lo que se trata cuando se habla de atraer al bando opositor.

(14) Simplemente se finaliza el capítulo haciendo énfasis en estrategias que mantienen a salvo a un ejército cuando es pertinente no llevar a cabo un ataque. Por eso la importancia de conocer los casos específicos en los que debe detenerse para conseguir mejores resultados. Considerando estas recomendaciones se evitan emboscadas, combates en terrenos fuera del dominio y manejo, envenenamiento por ingesta de comidas no aptas o incluso ir de frente a la muerte. En resumen, para nada es oportuno presionar al enemigo desesperado.

8

Batalla frente a beneficios o daños

戰鬥與利益或傷害

Cuando considera el beneficio, su acción se expande; cuando considera el daño, sus problemas pueden resolverse.

Sun Tzu

No hay posibilidades de formar un ejército si, previo aviso, no hay una orden de la autoridad civil dirigida al mando militar. Y una vez conformado el ejército, el paso a seguir desde los altos rangos es establecer las consideraciones reglamentarias que representan lo bueno o lo malo en cualquier acción por emprender.

Entre las recomendaciones o más bien reglas y estrategias de supervivencia, todas obedecen a conseguir la victoria y evitar la derrota cuando se presente una confrontación. Nunca es oportuno sentar un campamento en terrenos difíciles, o que no son del dominio de los soldados; tampoco está dentro de las buenas normas establecer relaciones diplomáticas en las fronteras.

Es importante conocer el terreno de asentamiento del enemigo, esto se ha dicho a lo largo del libro y de nuevo se hace énfasis, porque es parte de la seguridad que implica el triunfo o la muerte. **(1)**

Por supuesto es gran labor de los generales y altos mandos establecer las reglas a seguir para garantizar la seguridad nacional, la seguridad del ejército, la seguridad de los habitantes. Ellos son los que deciden cómo manejar sus fuerzas de lucha y cómo dirigir el combate. Si conocen a fondo las diferentes opciones y variables que se presentan, pueden aprovechar las ventajas y desventajas a favor y en pro de la consecución de beneficios. Cuando se está al mando de un ejército no se puede solo ver lo bueno y ventajoso; si se omiten las desventajas y no se adiestra al ejército en el área de la adaptación a circunstancias físicas y emocionales, no se espera una lucha segura ni una respuesta clara y decidida de los soldados en las tropas. Hay que generar confianza en ellos, que vayan a combate seguros de las rutas que no deben tomar, de los sitios que no hay que asediar, de los terrenos donde no se puede combatir y hasta de las órdenes que se deben ignorar. **(2)**

En todos los casos y continuando con el tema de la evaluación previa a la batalla, o a la lucha armada, los generales y en general las personas astutas con inteligencia militar estratégica, incluyen siempre en sus análisis el concepto beneficio contra daño. Si el resultado es el beneficio, se amplía la acción y se refuerza la seguridad en el campo; si por el contrario es el daño, con seguridad se encuentra solución que resuelva el inconveniente. **(3)**

Dentro de tanta planificación hay algo claro en el sistema de batalla. Cuando hay un aparente resultado de daño, el enemigo se detiene por precaución; cuando está en acción, es el momento en que realmente está ocupado y tal vez, desprevenido y, si el enemigo ve posibilidad de beneficio, entonces es el mejor momento de motivación. Si se observan con interés estos tres lineamientos, se está en capacidad de entender muchas de las posibilidades estratégicas para conocer al contendor antes de enfrentar una batalla. **(4)**

Si el enemigo acude o no al combate, no es tan importante como estar seguros de contar con los medios y las políticas de guerra necesarios para enfrentarlo. Cuando el ejército y los soldados están a salvo, en orden, organizados, no se debe bajo ningún punto de vista olvidar que después de tiempos de calma hay tiempos de guerra, o de caos. La estrategia es mantener la prevención y esperar el peligro antes de que él llegue. **(5)**

Después de hablar sobre tantas políticas y estrategias de batalla, no hay que dejar de lado la importancia de los rasgos que caracterizan a los altos mandos y generales de las fuerzas militares. Están los que siempre ponen su vida en peligro por conseguir sus objetivos; los que siempre quieren cuidar y defender su vida; aquellos que son propensos a la ira; están los puritanos y aquellos en los que predominan el sentimiento y las emociones. Son características bien diferenciadas pero definitivamente peligrosas cuando se manifiestan dentro de las acciones militares. Y se catalogan como rasgos negativos porque cualquier tipo de manifestación personal que se interpone sobre un grupo de soldados con unas reglas por seguir, unas órdenes por cumplir y unas estrategias por implementar, puede desaparecer el objetivo real que se sigue durante un combate y dar paso a la destrucción y a la derrota. **(6)**

Profundicemos en "batalla frente a beneficios o daños"

(1) La importancia del ejército radica en la seguridad que representa para su país. Es por eso que se justifican todos los estudios, análisis y evaluaciones que se den antes de ir a la batalla. Ese examen previo es el que abre los ojos y da posibles opciones para crear estrategias en el combate: ¿el terreno de combate es difícil, frío, escarpado, aislado...? ¿Vale la pena crear otra estrategia o modificarla? ¿Es buen momento para avanzar hacia la lucha o es mejor detenerse?

(2) La expectativa de guerra obedece a situaciones que cambian constantemente. De la capacidad como líder, transmitida a los soldados para adaptarse a los cambios, se abre la puerta de vulnerabilidad del adversario. Un ejército adaptable, que cambia de acuerdo con las circunstancias que aparecen y aprovecha esas circunstancias a favor, hace del enemigo un ente débil y presto a la derrota. Cuando los generales conocen las diferentes variables buenas o malas para el ejército, saben cómo aprovechar el terreno y entender cómo manejar a sus soldados.

(3) Los dos resultados beneficio/daño, ventaja/desventaja, o triunfo/derrota se presentan de manera interdependiente según las estrategias, el sitio, el tiempo y las circunstancias de la batalla; así que siempre están presentes y por esa razón, no han de olvidarse nunca.

(4) Entender las características del enemigo como estar en acción, estar motivado a conseguir un beneficio, estar detenido previniendo el daño, facilita saber a ciencia cierta lo que hay que buscar para encontrar la forma de mantener al adversario dentro de cada una de esas opciones y utilizarlas a nuestro favor, aprovechando el entrenamiento estratégico y seguro del ejército a cargo. Este concepto resumido por el autor Sun Tzu reza así: *"Por ello lo que retiene a los adversarios es el daño; lo que los mantiene ocupados es la acción, y lo que los motiva es el beneficio"*.

(5) No es mucho lo que hay que decir, aparte de que cuando se está en pie de guerra, siempre están presentes el bando atacante, el bando atacado; el bando superior, el bando disminuido. Para cada momento hay una estrategia y una oportunidad, sin olvidar que en la guerra, si hay algo que predomina es el caos, el peligro y la muerte.

(6) Los generales inteligentes, astutos y conocedores del rol que tienen frente a una tropa, cuando dirigen un combate, saben de la prioridad de las tropas sobre lo personal. Así que después de hacer conciencia y antes de ir a la guerra, qué bueno no permitir la salida de los sentimientos que nublan la razón, ni estar dispuestos a morir, porque a lo mejor así sucede; ni manifestar su temor porque seguramente terminan prisioneros. Lo mejor, ser neutrales, racionales y actuar de acuerdo con los acontecimientos presentes sin perder el orden y el ímpetu de la batalla.

9
Instrucciones para el combate

戰鬥說明

En asuntos militares no es necesariamente más beneficioso ser superior en fuerzas, sino solo evitar actuar con violencia innecesaria.

Sun Tzu

Cómo avanzar, cómo obtener ventaja en el combate, cómo analizar al enemigo…

Si es momento y la necesidad de observar al adversario es importante, ubicarse en los valles.

Si el combate se lleva a cabo en las montañas, que el ataque no sea cuesta arriba y que la ubicación de las tropas sea en sitios y terrenos elevados. **(1)**

Cuando el desplazamiento de tropas lleva a atravesar terrenos inundados o exige el cruce de ríos que cortan el paso de las tropas, no es momento de atacar al enemigo. Nunca es conveniente atacar dentro del agua. Es mejor iniciar el ataque cuando la mayoría de las tropas han pasado. En conclusión, es mejor no combatir cerca del agua. Sigue siendo preferible permanecer en sitios elevados mientras la situación lo permite. **(2)**

Cuando hay la necesidad de atravesar un terreno pantanoso o de fango es mejor hacerlo muy rápidamente; pero si definitivamente se está al frente de un ejército en medio de pantanos o marismas, es mejor tratar de permanecer lo más cerca posible de las plantas acuáticas porque ellas y los árboles son un respaldo dentro del riesgo que se está corriendo.

En cambio, si la ubicación corresponde a un terreno de llanura, se recomienda buscar aquellos sitios específicos que permiten una acción militar más segura y llevadera, manteniendo los lugares altos atrás o a la derecha y las partes bajas, delante.

Podría concluirse que por lo general, los ejércitos prefieren la operación militar en los terrenos elevados porque hay visibilidad y pueden apreciar a distancia. Los terrenos deprimidos generan oscuridad e inseguridad para combatir. **(3)**

Un ejército es fuerte y tiene infinidad de ventajas sobre el contendor, cuando su salud física permanece y tiene los recursos necesarios para cuidar de cada uno de los individuos que lo conforman.

Cuando la ubicación es sobre montículos y terraplenes o terrenos en desnivel es recomendable mantenerlos a la derecha o atrás. En la medida en que se tienen en cuenta estas recomendaciones, hay más ventajas en la operación militar. **(4)**

En casos de mal tiempo y lluvias fuertes, sobre todo río arriba y con corrientes que llevan aguas espumosas y que es inminente cruzarlas, ese cruce debe hacerse cuando escampe y mejore el tiempo.

Es importante evitar y alejarse tan pronto como se pueda de terrenos donde están presentes los barrancos, los lugares cerrados que dificultan la visibilidad, aquellos terrenos que de por sí por su composición se convierten en trampa. Hay accidentes geográficos que para nada significan buen augurio en el combate. En estos casos, por supuesto es vital evitarlos y si se puede, como estrategia, se sugiere buscar atraer de alguna forma al enemigo para que sea él quien quede cerca a estos terrenos peligrosos, lo cual nos permite quedar al frente de él, en mejor posición. **(5)**

Cuando se trata de desplazamientos ha de estar presente la mirada y vigilancia sobre los espacios y los tipos de terrenos a los que se está llegando. Suelen presentarse terrenos boscosos, montañosos con corrientes de agua, terrenos totalmente vírgenes, donde el avance es casi nulo por el exceso de vegetación… Son los momentos de tomar decisiones para hacer seguimientos precisos a cada terreno, con el fin de tener la seguridad de que no hay ocasión de ser emboscados o estar expuestos al juego espía, que controle cada uno de los movimientos que se realizan y que ponen en peligro a un ejército frente al adversario. **(6)**

Si las estrategias de guerra permiten conocer cuándo y dónde atacar, también nos permiten conocer al enemigo, analizarlo y prever qué puede estar planeando. Por ejemplo, si está cerca y permanece en calma, se debe saber que es porque se siente seguro; si provoca posibles enfrentamientos y hostilidades, es fácil deducir que está tratando de atraer nuestra atención y pretende el acercamiento; por supuesto se deduce que está en un sitio fácil de acceder lo que lo pone en ventaja. De ahí la importancia de suspender en ocasiones los desplazamientos para escudriñar el terreno sobre el cual nos movemos y evitar el ataque sorpresivo del contendor. **(7)**

Y si se continúa con el aprendizaje sobre los pasos del enemigo, también hay que saber que muchos elementos y situaciones de la naturaleza pueden brindar información… Si los árboles se mueven, el enemigo viene cerca; si los animales están asustados, hay hombres y tropas escondidas; si los pájaros alzan vuelo, hay tropas en el lugar; si se ven columnas de polvo, posiblemente hay carros acercándose. Así que hay muchas señales como estas y más, que ponen en alerta para prevenir el ataque y la emboscada.

Incluso, si un emisario del enemigo se presenta de manera humilde y sosegada es pertinente pensar que las tropas quieren avanzar; o, por el contrario, si ese emisario grita y se presenta de manera ostentosa, casi con seguridad se puede asumir que el enemigo emprende la retirada. **(8)**

Digamos que hay ciertas sugerencias sobre el comportamiento de batalla, que permiten conocer previamente un posible movimiento de ataque o guerra por parte de una tropa; veamos cómo las presenta Sun Tzu:

> *"Cuando los carros ligeros salen en primer lugar y se sitúan en los flancos, están estableciendo un frente de batalla.*
>
> *Si los emisarios llegan pidiendo la paz sin firmar un tratado, significa que están tramando algún complot.*
>
> *Si el enemigo dispone rápidamente a sus carros en filas de combate, es que está esperando refuerzos.*
>
> *Si la mitad de sus tropas avanza y la otra mitad retrocede, es que el enemigo piensa atraerte a una trampa.*
>
> *Si los soldados enemigos se apoyan unos en otros, es que están hambrientos.*
>
> *Si los aguadores beben en primer lugar, es que las tropas están sedientas.*
>
> *Si el enemigo ve una ventaja pero no la aprovecha, es que está cansado.*
>
> *Si los pájaros se reúnen en el campo enemigo, es que el lugar está vacío.*
>
> *Si se producen llamadas nocturnas, es que los soldados enemigos están atemorizados.*
>
> *Si el ejército no tiene disciplina, esto quiere decir que el general no es tomado en serio.*
>
> *Si los estandartes se mueven, es que está sumido en la confusión".*

Se trata entonces de conocer la interpretación de los movimientos y las actitudes, ya que se convierten en medio de comunicación que informa sobre las posibles acciones que está por seguir al enemigo. **(9)**

Las anteriores fueron recomendaciones para leer las estrategias del enemigo con base en sus movimientos y actitudes. Pero también hay señales por interpretar que dan a conocer la situación interna de las tropas enemigas. Como se dice en el argot popular… "No todo lo que brilla es oro".

Me refiero a que, si el batallón está hambriento y hasta recurre a dar muerte a sus caballos para conseguir alimento, los soldados están desesperados y se convierten en enemigos muy peligrosos; incluso se presentan las críticas, los comentarios, la falta de disciplina, lo cual inicia un proceso que lleva a la pérdida de la lealtad de la tropa.

A estas alturas de desorden e indisciplina se recurre al ofrecimiento de recompensas o por el contrario a la imposición de castigos, todo porque el enemigo ya está en un callejón sin salida, sin disposiciones militares organizadas, y sin autoridad establecida aparente. **(10)**

Cuando la violencia se apodera de los soldados y la ejercen dentro de su misma tropa, el caos es alarmante e indica un enorme grado de debilidad en términos de guerra. De otro lado, si aun así se acercan con ímpetu, pretendiendo demostrar fortaleza, es momento de observarlos cuidadosamente, pueden estar planeando un ataque desesperado y por sorpresa, de hecho, muy susceptible, de exagerada violencia y desastre. **(11)**

Dentro de las tácticas militares es más útil y provechoso actuar con autosuficiencia, consolidando el poder, evitando violencia innecesaria... En otras palabras, en la estrategia militar no necesariamente es superior el ejército con más fuerzas, es superior el estratega que mide cada situación y planea con cautela su acción. **(12)**

Unificar a los soldados significa saber cómo dirigirlos y conseguir su lealtad mediante las artes culturales y por encima de todo, las artes marciales. Es la forma de hacer respetar el orden disciplinario en la rutina militar, puesto que, si se pretende hacer leal a los soldados mediante castigos, seguramente no se logrará, no obedecerán, y después, es imposible su lealtad, si de por medio no hay un castigo. **(13)**

Para concluir este tema que tiene que ver con las mejores formas para llevar a cabo un buen combate, se puede afirmar que es importante conocer las normas del juego en la guerra, las que tienen que ver con el terreno donde se desarrolla una batalla, las que tienen que ver con el conocimiento de las estrategias y planes de ataque o emboscada, y la adecuada interpretación de las señales que llegan por parte del enemigo.

Finalmente, las que tienen que ver con la realidad en el comportamiento, sentimientos y emociones al interior de las tropas y batallones, que en últimas son las que hacen que lo planeado como estrategia se lleve a cabo, gracias a la lealtad de los soldados a su ejército.

De otro lado, de la coherencia entre el liderazgo de los generales y altos rangos entre su actuar y su dirección, depende la lealtad de los soldados y su lucha sin límite por conseguir los objetivos propuestos en batalla. **(14)**

Profundicemos en "instrucciones para el combate"

(1) Esta afirmación significa que en los momentos de acampar, no ha de perderse de vista al enemigo, y en cambio sí, tratar siempre de mantener al ejército en los valles o en los sitios más elevados, cuando la ubicación o el sitio de confrontación está en las montañas.

(2) Cuando se acerca un contendor que marcha cruzando un río, la mejor táctica es atacarlo cuando por lo menos la mitad de la tropa ya está del otro lado. Para nada es conveniente salir a encontrarlo dentro de las corrientes, esta maniobra puede traer consecuencias desastrosas como el ahogamiento. Definitivamente es mejor no avanzar contra la corriente.

(3) Se sugiere cruzar los terrenos pantanosos de manera rápida y si es necesario pelear, buscar las plantas y los sitios con árboles para que le respalden. Si el terreno es más ventajoso como el valle, o la llanura, se recomienda buscar los suelos elevados a sus espaldas y los bajos delante, que no es otra cosa que tener la facilidad de proteger la espalda y poder atacar por el frente.

(4) Es una razón lógica; con buena salud física de los soldados que están en las tropas, el ejército se mantiene firme y seguro, casi que se puede hablar de un ejército resistente a la derrota, de un ejército ganador y difícil de vencer.

En las colinas y montículos, buscar el lugar soleado y mantener los desniveles atrás, permite aprovechar las ventajas naturales del terreno para facilitar la defensa en un combate.

(5) Se podría decir que así como se evitan los terrenos peligrosos, también se hace lo mismo con el tiempo de lluvias y ríos crecidos. De todas maneras, como las situaciones son peligrosas en el conflicto militar, es importante evitarlos, más cuando se trata de terrenos que pueden representar espacios inseguros para los movimientos de los soldados.

(6) Cuando se avanza es importante estudiar a fondo los terrenos por los cuales se dan los desplazamientos para evitar bajo todo punto de vista ser víctimas de una emboscada. Es fácil suponer que ante terrenos de difícil acceso, el enemigo también busque el sitio perfecto para esconderse y vigilar cada uno de los movimientos y estrategias adoptadas. Si el enemigo está cerca es porque confía en la seguridad que le propicia su ubicación.

(7) En definitiva si el adversario está cerca y se mantiene así, aún a expensas de peligros, incomodidades, exposiciones y posibles fracasos es porque el lugar donde está y las condiciones que maneja le ofrecen algún beneficio a su favor.

(8) De un buen análisis e interpretación de situaciones que deben saberse leer y analizar como señales claras de combate, con toda seguridad se estará en capacidad de saber si el enemigo está en pie de guerra, haciendo preparativos para emboscar, o preparando una retirada. Siempre que se pueda, es conveniente enviar espías, seguidores que puedan comprobar qué está motivando al enemigo.

(9) Desde el punto de vista de las estrategias de batalla, hay que partir de conocer el significado de cada uno de los movimientos individuales o de tropa; hay que tener la sensibilidad suficiente para actuar sobre lo previsto y evitar ataques devastadores, emboscadas, engaños, confusiones o desorden en los ataques por venir… Se trata de aprender a interpretar las señales que envía el enemigo, según la situación.

(10) Situaciones como las que se describen solo muestran que al interior del enemigo está presente la crisis. Si no hay disciplina es porque los superiores están perdiendo su autoridad; si no hay motivación y lealtad hacia la tropa, se recurre al ofrecimiento de recompensas para tratar de comprar el comportamiento leal de los soldados; también puede recurrirse al castigo para tratar de restablecer el orden. Lo cierto es que los soldados ya no están luchando por un objetivo sino por supervivencia, lo cual hace que el ejército pierda su rumbo y su estrategia para llevar a cabo operaciones militares de éxito.

(11) El caos, la indisciplina y la deslealtad no son buenas maniobras o estrategias para continuar sobrellevando una guerra. Cuando las tropas enemigas inician marchas con furia, sin organización, sin métodos estratégicos, el paso a seguir es el análisis, la precaución y la prudencia.

(12) El enemigo que carece de estrategias y no planea sus operaciones militares, que sencillamente confía en sus acciones sin evaluar la situación, aunque sea superior en fuerzas, puede fácilmente convertirse en prisionero de guerra.

(13) Las artes culturales y las artes marciales son sencillamente la forma de llegar al interior de los soldados, tocando su parte de humanidad y sentimiento, llevándolos al respeto por las leyes y la disciplina. En la medida en que las tropas respetan las leyes y se sienten dirigidos con benevolencia, respetan también a sus líderes y avanzan con ellos hacia la victoria.

(14) El conocimiento del manejo estratégico en combate lleva de la mejor manera a la victoria, o por el contrario de la peor manera a la derrota. La seguridad en ese conocimiento, da las bases para interpretar el lenguaje de las señales que llegan de los movimientos, actitudes y operaciones militares emprendidas por el enemigo.

Así que como afirma Sun Tzu: *"**Cuando las órdenes se dan de manera consecuente para edificar a las tropas, estas las aceptan. Cuando las órdenes no son dadas de manera consecuente para edificar a las tropas, estas no las aceptan. Cuando las órdenes son justas, existe una satisfacción recíproca entre el líder y el grupo**".*

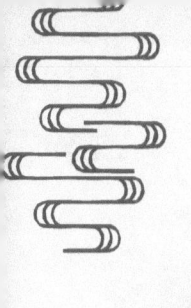

10

El terreno... ¿a favor o en contra?

地形…支持還是反對?

Cuando es un terreno desfavorable para ambos bandos, se dice que es un terreno neutro.

Sun Tzu

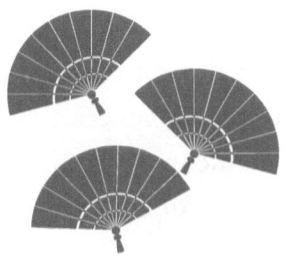

Para llevar a cabo un combate, además de los análisis requeridos para conocer al ejército enemigo, para interpretar sus posibles estrategias de lucha, entre otras muchas recomendaciones, se requiere también estar muy seguros sobre el manejo del terreno con todas sus dificultades, cambios y características geográficas y de clima.

Se conocen terrenos donde los desplazamientos son fáciles, otros en cambio muy difíciles; hay terrenos neutros, estrechos, muy accidentados, rocosos; en fin unos más peligrosos y otros más ventajosos.

Por supuesto cada clase de terreno ofrece unas características que en unos casos resultan beneficiosas y en otros riesgosas.

El terreno accesible es aquel que puede transitarse en ambas direcciones sin ofrecer mayor dificultad. Si hay la oportunidad de acceder primero a ese tipo de terreno, lo mejor es ubicarse en posiciones altas que ofrezcan facilidad para el acceso de suministros. Es un terreno que brinda mucha seguridad para llevar a cabo una batalla.

Ahora bien, cuando es difícil salir de un terreno, la situación puede volverse complicada, puesto que si se está preparado, fácilmente puede vencerse al enemigo; pero si no se está preparado para encontrar soluciones de avance en ese tipo de terreno, es posible que haya muchas dificultades que no estén a favor.

Cuando se habla de un terreno neutro se hace referencia a un terreno que no es ventajoso para ninguno de los bandos. En este tipo de terreno hay que buscar beneficio, tratando de inducir al enemigo para que salga de ahí. Cuando ha salido por lo menos la mitad de la tropa enemiga es el momento de atacar, aprovechando la oportunidad.

Hay también terrenos estrechos y accidentados en los cuales si hay la oportunidad de llegar primero, la mejor estrategia es asentarse en los puntos altos con buena visibilidad y esperar al enemigo. Si es el otro bando quien llega primero, no es bueno atacarlo ni perseguirlo, de hecho tendrá mejor ubicación y no habrá oportunidad de sorprenderlo ni de vencerlo.

También está el terreno abierto que no ofrece mayores dificultades; las cargas están iguales y de hecho, no es un buen terreno para combatir.

Así que como estrategia de guerra y con inteligencia militar, es de prioridad de los generales conocer estas clases de terreno, analizarlos y por ningún motivo prescindir de la importancia de las características que ofrecen para bien o para mal del ejército a cargo. Ignorar las condiciones del terreno puede llevar a la derrota. **(1)**

Además de las condiciones que presenta el terreno, hay situaciones específicas por parte de la dirección y mando de los generales que pueden representar desastres o beneficios en situación de batalla. Dadas las características del terreno, es responsabilidad del general tomar decisiones al respecto, decisiones que pueden consistir en que las tropas huyan, o se derrumben y den cabida al ataque del enemigo. Ninguna de estas respuestas, son consecuencia de una circunstancia de la naturaleza o de unas condiciones del terreno; son más bien la influencia de la falla de un líder o alto rango que hace que la situación no sea la que se esperaba.

Los generales deben evaluar las condiciones antes de impartir una orden. Por ejemplo, evaluar si las tropas atacan en proporción de uno contra diez, caso en el cual el resultado es una segura derrota; evaluar si los soldados son débiles o de gran fortaleza; evaluar si como líderes, los generales están encolerizados o violentos, situación que no les permite actuar de manera neutral y peor aún, incide de forma negativa en el actuar de los soldados. Las inconsistencias entre situaciones de guerra y órdenes de los generales, hará del ejército un contendor débil e inseguro. **(2)**

Es recomendación para los generales ser fuertes y ejercer siempre la autoridad, impartiendo órdenes claras. Si sucede lo contrario, son débiles y sin autoridad. Si carecen de solidez, su ejército y sus soldados se sentirán en desventaja, inseguros y pueden llegar a producir hasta una revuelta.

Se requiere que los altos mandos tengan la capacidad de medir a sus adversarios para evitar llevar a su ejército a enfrentamientos con bandos superiores en número, o mejor ubicados, o con equipos más sofisticados… esos enfrentamientos con tantas diferencias de nivel y condiciones no son el camino para salir bien librados en un combate. Es importante cuando se seleccionan las tropas, hacerlo de acuerdo con la capacidad y preparación de las mismas. **(3)**

Un buen general ha de dar la suficiente importancia a la comprensión de sus responsabilidades como tal, para evitar ser derrotado: evaluar el equilibrio entre fuerzas, mantener idoneidad para establecer el sistema de castigos y recompensas, evitar la mediocridad en el entrenamiento de su ejército, manejar la ausencia emocional y pasional en sus decisiones, ser eficiente para mantener la ley y el orden y finalmente, evitar las equivocaciones en la selección de los soldados. **(4)**

En el combate o la batalla es importante evaluar al adversario para asegurar la victoria y establecer de manera clara los riesgos y las ventajas, además de establecer las circunstancias que ofrece el terreno, que obviamente pueden significar peligro, riesgo o seguridad para el ejército, según su configuración. Ignorar estos aspectos es buscar el camino equivocado y avanzar hacia la derrota.

Hay que tener la claridad y lucidez necesarias para ver cuándo las leyes de la guerra auguran la victoria para entrar en ella, y cuándo, aunque haya órdenes impartidas para combatir, no es el momento porque las señales indican una segura derrota. Es necesario tener la claridad para atacar y entrar a la batalla o, emprender la retirada con responsabilidad, pensando en el bienestar de la población, el gobierno y la nación. **(5)**

En relación con sus soldados, un general debe pensar en ellos como sus hijos, para que quieran seguirlo en todas sus acciones y operaciones; sin embargo, no se puede exceder en el consentimiento y buen trato, hay que establecer el límite para ejercer la autoridad y poder impartir las órdenes. Si se miman demasiado, se está formando un ejército débil e inservible. **(6)**

Para terminar, se puede concluir que entrar a la guerra significa hacer coincidir varios aspectos con el fin de evitar la derrota. Tener en cuenta que si su grupo de soldados es fuerte, igual no se puede ignorar si el enemigo es invencible o vulnerable para estar seguro de creer en la fortaleza de los soldados. Tener en cuenta que el enemigo puede ser muy sensible, pero quizás sus soldados no son tan fuertes, lo que de hecho no garantiza obtener la victoria. Tener en cuenta que los soldados son fuertes, van a entrar a la guerra y a ejercer un buen ataque frente a un bando opositor débil, pero no puede ignorar las condiciones del terreno, las cuales pueden actuar en contra. **(7)**

Profundicemos en "el terreno… ¿a favor o en contra?

(1) Se trata de conocer y establecer las diferentes clases de terreno que pueden aparecer durante los desplazamientos que se realizan a lo largo de una guerra. Sitios de posibles ubicaciones y que no pueden ignorarse, porque en últimas pueden representar la victoria o la derrota en la batalla.

(2) Queda claro que el terreno tiene mucho que ver con las ventajas o desventajas, con la condición de superioridad o inferioridad de un ejército frente a otro; pero también queda muy claro que estar en un terreno mejor o bien ubicado, no hace de por sí que la batalla sea exitosa; el otro factor incidente y de mucha influencia es la capacidad de los generales para resolver las situaciones con la actitud y la coherencia necesarias, a medida que avanzan y experimentan las inclemencias del tiempo o la dificultad de los terrenos, además de la sabia y estudiada selección de los soldados que los van a acompañar en el combate.

(3) Es parte de la estrategia militar y de la evaluación por parte de los generales tener en cuenta las capacidades de cada uno de los soldados que se seleccionan para participar como pie de lucha. Si considera que la selección no es importante y que solo con las estrategias de movimiento, ataque y buen manejo de las condiciones del terreno puede defenderse, es probable que esté muy lejos de conseguir la victoria.

(4) El combate no es solamente el enfrentamiento de dos bandos; va mucho más allá, y reúne cierto número de actividades, condiciones, características, que incluyen el terreno donde se lleva a cabo y las capacidades y habilidades de un general idóneo y responsable, acompañado de un grupo de soldados fuertes y dispuestos a seguirlo, siempre y cuando sean bien dirigidos, recompensados y entrenados.

(5) Como general o líder de un ejército, de unos soldados, responsable de llevar a cabo un combate que puede terminar en victoria o en derrota, son características propias tener sensatez, claridad, idoneidad, honestidad y capacidad para entrar en batalla o retirarse, pensando siempre en los beneficios que su acción puede representar o no para un pueblo o una nación.

(6) Es habilidad de los altos mandos reconocer la forma correcta de actuar, dirigir, y formar a los soldados. Establecer los límites en el afecto con el fin de llevarlos a ser leales a su tropa y a su nación, sin depender solo de los castigos o las recompensas para actuar firme y valerosamente en una batalla.

(7) Líderes, generales, decisiones, fortaleza, debilidades, pros y contras del terreno son todos factores de guerra que no se pueden dejar de lado, porque de la seguridad e inteligencia con que se manejan, depende salir vencido o vencedor después de un combate.

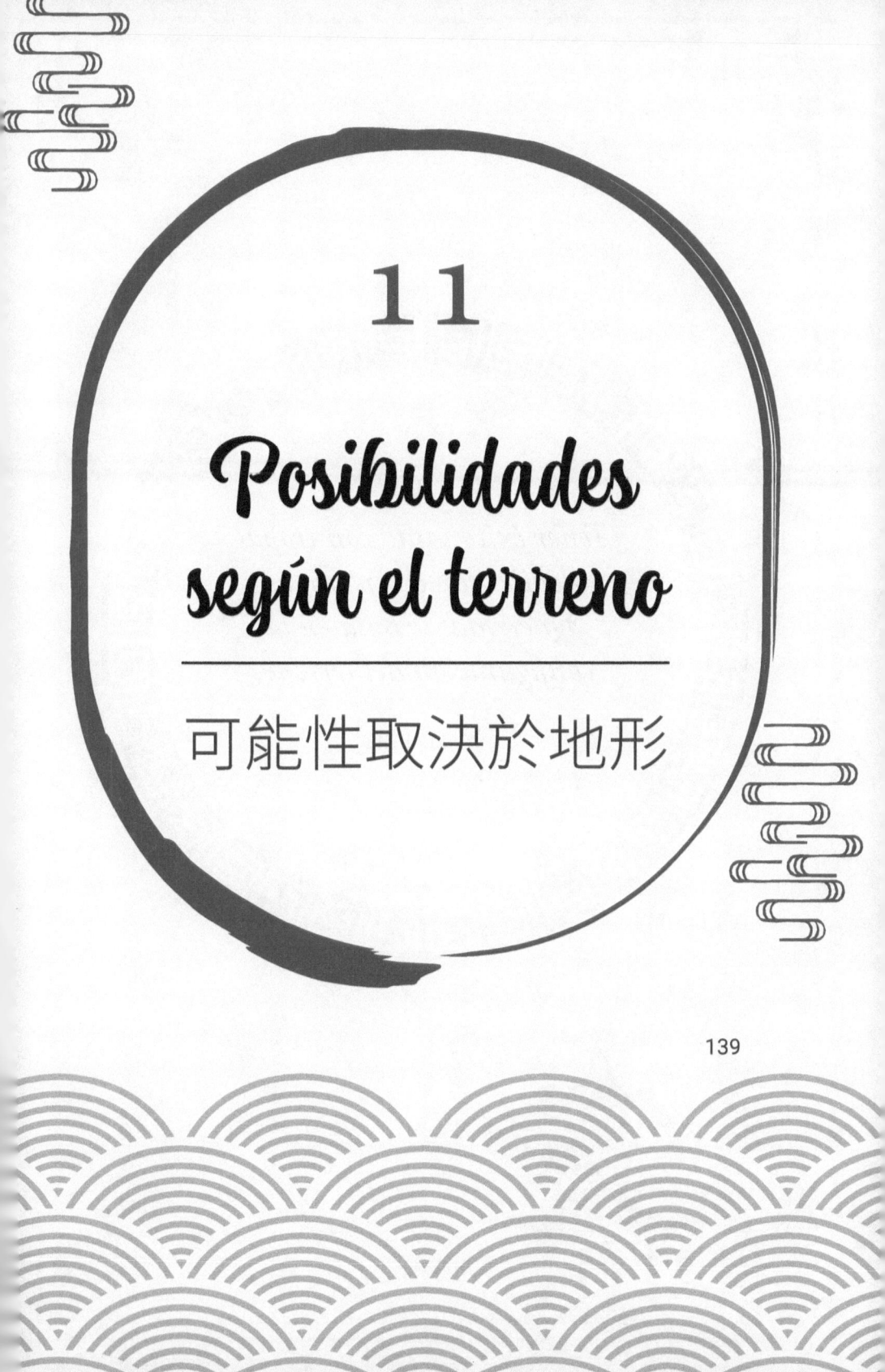

11

Posibilidades según el terreno

可能性取決於地形

Tener éxito tanto con tropas débiles como con tropas aguerridas se basa en la configuración del terreno.

Sun Tzu

De acuerdo con las leyes militares existen nueve clases de terrenos que representan desafíos y diferentes posibilidades para los ejércitos según sus características.

- Terreno de dispersión: los soldados combaten dentro de su propio terreno o cerca de su hogar.

- Terreno ligero o también llamado fronterizo: los soldados penetran en territorio ajeno pero no a profundidad.

- Terreno de disputa: terreno ventajoso tanto para un bando como para otro en caso de conquistarlo primero.

- Terreno de comunicación: terreno con las mismas posibilidades de acceso tanto para un bando como para otro.

- Terreno de intersección: terreno en que se cruzan varias vías principales. Es dueño el bando que lo ocupa primero. En la medida en que se toma este terreno se está más seguro que los demás.

- ❋ Terreno difícil: terreno al que se penetra en profundidad, dejando atrás muchas poblaciones.

- ❋ Terreno desfavorable: terreno que implica avanzar por montañas boscosas, pantanos, desfiladeros y demás de difícil desplazamiento.

- ❋ Terreno cercado: terreno con acceso estrecho y salida difícil.

- ❋ Terreno mortal: terreno tan difícil que si no se actúa con rapidez, se encuentra la muerte.

Descripciones más amplias o menos específicas, igual permiten entender que según el terreno se deben adaptar estrategias de desplazamiento, combate y retirada. **(1)**

Conociendo y diferenciando las clases de terreno, entonces dentro de sus estrategias puede evitarlo o accederlo según lo que signifique, ventaja o desventaja en el combate. Es decir, evitar los terrenos de fácil dispersión, no detenerse en terrenos ligeros, luchar para evitar que las tropas lleguen a un terreno ocupado por el enemigo y si la llegada es a un terreno mortal, emprender la retirada si es el caso o luchar a muerte por lograr vencer al enemigo. **(2)**

Una de las estrategias de guerra válida es la que utilizaban los llamados expertos de guerra. Y eran bien llamados expertos porque su función era tratar de crear el caos en el enemigo puesto que buscaban hacer perder la confianza entre ellos, entre las diferentes unidades y batallones, lograr desconexión entre las unidades de guardia y retaguardia, acabar con el interés y la coordinación de los diferentes rangos. Es decir, interferían totalmente y de tal manera, que obstruían la coherencia entre los estamentos del ejército enemigo con el fin de dar la mejor opción y las posibilidades de ventaja y triunfo a favor de los suyos. Los expertos tenían claro en qué momento iniciar su acción y en qué momentos iniciar la retirada. (3)

Una de las preguntas necesarias cuando se está en guerra se refiere a cómo enfrentar al enemigo que se acerca cuando es un ejército numeroso y bien organizado. Se dice que la mejor opción es quitarle algo que realmente aprecie.

De otro lado, es aplicar la mejor forma de llegar al enemigo, es decir, actuar con rapidez que es la acción militar más estratégica para arrasar, aprovechando la sorpresa y las equivocaciones del adversario. (4)

El terreno ajeno parece impenetrable en la guerra, pero cuando un invasor entra en él, mientras más avanza, más fuerte se hace porque si logra ubicarse en el punto correcto, llega un momento en que el grupo invadido ya no puede expulsarlo.

Para emprender esta clase de acción, lo importante es tener en cuenta los aspectos que favorecen a las tropas invasoras... buscar terrenos fértiles que faciliten el suministro de alimentos, cuidar la salud de los soldados, buscar que los movimientos sean reservados y los planes de ataque impenetrables. **(5)**

Parece forma de actuar insensible, pero una estrategia convencional para que los soldados sean leales a morir, es situar las tropas en un punto de difícil regreso, que signifique luchar con todas las fuerzas para evitar perder la vida. Cuando existe la posibilidad de morir o ser prisionero, es decir, cuando se está en grave peligro, se pierde el miedo y se está dispuesto a dar todo lo necesario para salir vencedor.

Si no hay mejores opciones, los soldados luchan hasta el final sin darse por vencidos. Están todo el tiempo vigilantes, no necesitan órdenes, ni castigos; tampoco promesas para actuar y su fidelidad y lealtad es real. **(6)**

Un buen consejo para la guerra es aquel que se refiere a evitar los pronósticos o predicciones de posibles resultados después del combate. Las predicciones generan dudas y falsas expectativas. Es mejor permitir que lo que se planea para entrar en batalla fluya a medida que se avanza, con las expectativas que se generan, pero no con suposiciones que pueden desvirtuar los objetivos.

Que cada operación se planee como se debe, usando toda la pericia y la estrategia militar. Que el ejército vaya tan fortalecido que siempre tenga la opción de defenderse. Que no importe si lo atacan por la guardia, porque puede defenderse por la retaguardia, o lo contrario; y que si lo atacan por el centro pueda defenderse tanto con la guardia como con la retaguardia. **(7)**

No es suficiente pensar que una tropa necesita unirse en objetivos y fuerzas para resistir un ataque. El concepto de unión va un poco más allá; la situación apremiante que se vive en un ataque, despierta los instintos y el sentido de salvar la vida por encima de las circunstancias. Es así como en un sentido figurado, un ejército asemeja una serpiente: ante el peligro los individuos se unen y se defienden del ataque por donde sea necesario.

No basta con confiar solo en los caballos y carros de la guerra. Es necesario a veces forzar la situación, someter a las tropas a estados y situaciones de tanto peligro que se despierte en ellas la necesidad de combatir con todas sus fuerzas, ayudándose unos con otros. Es una situación mortal pero a la vez tan real en su lucha por sobrevivir, que se convierte en el camino a una victoria absoluta. **(8)**

Es el momento de recordar una vez más que para tener éxito en la guerra, ya sea con tropas débiles o fuertes, hay que tener presente la configuración del terreno. Si se aprovechan en forma adecuada las propiedades del terreno, es posible vencer a los adversarios. De otro lado, para ser vencedor también es importante mantener una tropa cooperativa, colaboradora y convencida, lo cual se logra con una dirección estratégica militarmente. Es labor de un general lograrlo, siendo tranquilo, reservado, justo y metódico. **(9)**

Otra de las estrategias para mantenerse victorioso en la guerra consiste en limitar la información que se da a los soldados. Es de importancia mantener en secreto mientras se pueda, la clase de planes y operaciones por realizar.

Si se puede, favorece cambiar los planes iniciales; hay menos posibilidad de que sean conocidos por el bando contendor. De la misma manera cambiar el sitio de ubicación y avanzar por otros caminos puede evitar emboscadas súbitas y proteger los planes y tácticas de ataque. **(10)**

Poner metas a las tropas, las estimula y las reta a cumplir los objetivos. Igual si el general decide adentrarse muy interno en el terreno ajeno es porque busca el potencial completo de sus tropas, las pone a prueba y les exige el máximo de valor, fuerza y fortaleza. Es labor del general conducir a sus soldados y ponerlos en situaciones peligrosas, con el fin de obtener la máxima respuesta por parte de ellos.

De otro lado, se encarga de hacer el análisis que sea pertinente para establecer la adaptación a los diferentes tipos de terreno y estar seguro de las ventajas y desventajas que ofrece; luego, encontrar los momentos oportunos para concentrarse o retirarse del sitio. **(11)**

Cuando se es un ejército invasor y se está muy adentro en el terreno enemigo, los soldados tienden a unirse; en cambio, tienden a dispersarse cuando se encuentran en terrenos fronterizos. Si hay alejamiento del país y se cruza toda una frontera, el ejército se encuentra en un terreno aislado... Y pueden enumerarse los varios terrenos a los que puede llegar una tropa o un ejército completo cuando se encuentra en guerra... Si se adentra en un terreno, pero no a profundidad se encuentra en un terreno ligero. Significa que según donde se encuentre ubicado un ejército, hay una configuración de terreno y a la vez opciones por tomar para realizar la acción militar.

Y como según el terreno se presente, las tropas están en condiciones distintas y por lo mismo, presentan comportamientos diferentes. Si hay que andar de prisa, si hay que ser cautelosas, si hay que prestar atención a la defensa, si tienen que unirse para atacar, si tienen que dispersarse como estrategia, o si sencillamente hay que luchar con ímpetu, porque de pronto están ubicadas por ejemplo en un terreno mortal.

Con todas estas condiciones de las que se habla, cabe anotar que son los momentos en donde afloran en los soldados sus emociones y comportamientos psicológicos, que les permiten resistir por inclemente que sea el tiempo y difícil el terreno. **(12)**

Los militares para ser verdaderamente funcionales y eficaces deben conocer todos los factores que confluyen en un campo de batalla, dado que ninguno se puede subestimar. No se olvide de conocer los planes del enemigo, conocer las clases de terreno, no obviar las diferentes formas de proceder según las circunstancias de guerra que están al frente. En otras palabras estar conscientes y claros de las condiciones y movimientos a ejercer en cada operación militar que se emprende. Por ejemplo, si es posible conocer los planes del adversario, es momento de aprovechar la oportunidad y dar la vuelta a la situación, de tal manera que se encuentre indefenso y pueda vencerlo. **(13)**

Y siguiendo con la tónica para buscar la vulnerabilidad del enemigo, se sugiere también influenciarlo si es el caso con amenazas, así se siente débil y confuso.

Manejar las tropas a cargo como si fueran un solo individuo, poniéndolas a realizar tareas sin comunicarles mucho de los planes, también es una táctica a favor para ir adelante en el combate, puesto que mientras menos se enteren de los posibles daños, más seguros están de su labor y nunca están temerosos o vacilantes. **(14)**

Cumplir una misión con pericia significa colocar al enemigo en una situación de desventaja total, llevándolo al exterminio. Y aún más, si las mismas tropas a cargo se sienten amenazadas, es más fácil cumplir este objetivo porque cuando ellas afrontan o se sienten en peligro son capaces de luchar con más ímpetu por su supervivencia. Fingir estar de acuerdo con las intenciones del enemigo y concentrarse totalmente en esta actitud, puede llevar a dominar totalmente a los altos rangos y hasta matarlos. **(15)**

Para declarar la guerra se cierran las fronteras y se impide el paso de los emisarios. Entra en rigor el acuartelamiento, es la fase de planificación de estrategias y es de vital importancia mantenerlas en secreto.

Cuando se declara la guerra ya se ha estudiado al máximo al enemigo para saber qué oportunidades hay por aprovechar, en qué momentos se puede anticipar y en qué situaciones se puede acomodar para convencerlo, de tal manera que abra sus puertas hasta que no tenga forma de expulsar ya al ejército invasor. **(16)**

Profundicemos en "posibilidades según el terreno"

(1) Especificar de alguna manera las diferentes clases de terreno equivale a hacerlo más sencillo con términos como los siguientes: cada clase de terreno se traduce en una visión diferente de la técnica de guerra, siguiendo la forma, dificultad y ubicación del terreno. Un terreno de dispersión se da si el combate es en el terreno propio y el ejército puede ser disperso de manera muy fácil. Un terreno ligero se da cuando el ejército ingresa en campo enemigo, pero no le es difícil regresar o salir de él. El terreno de disputa se refiere a un terreno que es fácilmente alcanzable para cualquiera de los dos bandos. El terreno de comunicación significa que es accesible para cualquier bando y hay libertad de movimiento dentro de él. El terreno de intersección se llama así porque es el cruce de varias vías de comunicación; el bando que lo domina tiene las mayores ventajas. El terreno difícil hace honor a la dificultad para mantenerse a salvo porque se está muy dentro del campo enemigo, como lo indica su nombre. Cuando se habla del terreno desfavorable se habla de los terrenos que complican la operación por ser boscosos, montañosos, estrechos y peligrosos. El terreno cercado hace alusión a un terreno estrecho, que dificulta la salida y hace al ejército susceptible del ataque. Para finalizar, el terreno mortal es aquel en el que hay que actuar con destreza y velocidad para mantenerse con vida.

(2) Es importante asegurarse sobre la clase de terreno a la que se va a acceder. Una vez la batalla y su avance lleva a cierto punto, el paso por seguir es de inmediato saber de qué terreno se trata y objetivamente decidir la estrategia siguiente, con base en las posibilidades que las leyes de guerra establecen para cada uno. Es tener la seguridad para apresurarse a salir de un terreno desfavorable por ejemplo, porque a ciencia cierta es un terreno que no permite atrincherarse ni da la facilidad para combatir con el viento a favor. Es tomar la decisión exacta en el terreno adecuado y en el momento oportuno.

(3) La función de los expertos de guerra era básicamente crear confusión, enviar falsas señales al enemigo para que la interpretación fuera una falsa pista que impidiera una defensa ventajosa por parte de él. Sembraban caos, terror y con la información equivocada, el ejército enemigo quedaba sin la posibilidad de planear sus estrategias para combatir o buscar defenderse.

(4) Quiere decir que dentro de la guerra y con el enemigo cerca, la observación al detalle de sus condiciones han de comunicar su situación, esquema de ataque, o su preparación. Esta información se aprovecha para encontrar sus equivocaciones o fallas y por ahí mismo llegar a la mejor forma de ataque. No olvide actuar con seguridad y sin dudar, porque de lo contrario no hay oportunidad.

(5) Cuando se inicia un ataque, avanzando a ocupar terreno ajeno, la operación debe ser totalmente reservada, los planes y las estrategias no han de dejarse conocer; avanzar de la manera más callada posible y esperar el momento justo y vulnerable en el enemigo para completar la invasión.

(6) Cuando se está en peligro de muerte, el objetivo de las tropas y de cada uno de los rangos es el mismo. No hay dudas, ni arrepentimientos, solo hay necesidad de luchar sin que nadie diga nada, sin recibir órdenes, inclusive, sin esperar el momento oportuno; solo hay que luchar y ser vencedor.

(7) Palabras más, palabras menos es lo mismo que decir que cuando las tropas van al combate vayan seguras, preparadas, tanto, que si son atacadas nada podrá vencerlas tan fácilmente; todas están dispuestas a defenderse por todos los frentes, no hay cabida para la entrada del enemigo.

(8) Si se busca seguridad, aparentemente se encuentra en las situaciones más peligrosas posibles. Cuando no hay opciones se lucha codo a codo con todo lo mejor que se puede dar para establecer líneas de ataque que aseguren la victoria. Es la práctica del combate defensivo en pro de conseguir lo que se busca en contra de cualquier pronóstico. Solo la victoria permite tomar la decisión de retirarse.

(9) La configuración del terreno es un factor crítico dentro de las ventajas o desventajas en la consecución de la victoria en la batalla. Según el terreno, el ejército puede contar con mejores tácticas, oportunidades para atacar y realizar emboscadas o mejor movilidad y desplazamiento.

La capacidad de los expertos militares para obtener cooperación de las tropas es esencial para el éxito en el campo de batalla. Hay algunos aspectos clave que los expertos militares suelen tener en cuenta para lograr esta cooperación: comunicación clara, entretenimiento, preparación y respeto. Cuando las tropas se sienten valoradas y respetadas, es más probable que colaboren de manera efectiva.

(10) El engaño, como ya se ha mencionado, es una táctica que ha sido utilizada en operaciones militares para confundir al enemigo y ganar ventajas estratégicas. Sin embargo, también puede ser dirigido internamente, hacia las propias tropas y tiene como objetivo manipular la percepción y comprensión de las propias fuerzas, con el fin de mantener la seguridad operativa, puesto que se limita la información que se comparte dentro de las tropas. Sin embargo, aunque limitar la información es una herramienta útil, de igual manera la comunicación en el momento oportuno funciona para evitar confusiones y fomentar la cooperación interna.

(11) La estrategia de concentración y ubicación en la organización y despliegue de fuerzas militares, es un reto por seguir para exigir lo mejor de los soldados. Su elección depende en gran medida del contexto y los objetivos específicos de la operación por iniciar.

La adaptación de las tropas a diferentes terrenos es esencial para el éxito en operaciones militares. Los diversos entornos, como desiertos, selvas, montañas, terrenos urbanos, entre otros, presentan desafíos únicos. El entrenamiento constante y la capacidad de improvisar en función de las condiciones cambiantes son elementos cruciales para la adaptabilidad de las tropas en diferentes terrenos.

(12) Si hablamos de la presión que indica manejar las operaciones militares en condiciones de acuerdo con el terreno donde se desarrolla el combate, y que además genera presión en las tropas, se está hablando también de llegar al proceso de defensa unificada que equivale a ejercer presión agresiva sobre el enemigo para poder contrarrestar su capacidad operativa y mantenerlo a la defensiva. Es decir, limitarlo en sus opciones para obligarlo a combatir en condiciones desfavorables.

Cuando hay presión y los soldados se sienten amenazados, se unen para cambiar la dinámica, afianzan la capacidad de adaptarse a los cambios del campo de batalla y finalmente buscan ejercer también presión en el enemigo para dominarlo.

(13) Cuando se tienen en cuenta todos los factores y las circunstancias, resulta un poco más ligero maniobrar la defensa del enemigo y ponerlo en desventaja. El conocimiento a fondo del terreno y sus planes son elementos cruciales para tener la superioridad en una operación militar, porque dan la oportunidad de desarrollar mejores estrategias y permiten comprender las intenciones y capacidades del adversario.

(14) Buscar la vulnerabilidad del enemigo es importante en la planificación militar. Identificar sus debilidades representa de por sí una ventaja táctica; estudiar sus patrones de comportamiento puede revelar sus puntos más críticos.

El concepto de manejar las tropas como si fueran una sola persona refleja la importancia de la unidad y la coordinación en el ámbito militar. Aunque cada soldado es un individuo con habilidades y responsabilidades específicas, lograr que todas las fuerzas militares operen como un conjunto coherente es fundamental para el éxito en el campo de batalla.

(15) Acomodarse a las intenciones del enemigo es una estrategia que implica comprender y anticipar sus movimientos para contrarrestar sus acciones. Implica también obtener información sobre sus capacidades, movimientos y objetivos estratégicos con el fin de influir en sus decisiones.

(16) La decisión de declarar la guerra es un paso significativo que implica considerar factores políticos, estratégicos, legales, éticos y humanitarios. Implica evaluar las amenazas y riesgos potenciales que podrían surgir como resultado de la guerra, y considerar el impacto en la seguridad nacional.

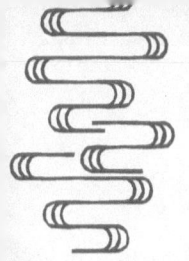

12
El fuego y el agua como herramientas de confusión

火和水是混亂的工具

En ataques mediante el fuego es imprescindible seguir los cambios producidos por este.

Sun Tzu

Si se habla del fuego como herramienta, se habla de un ataque para confundir y buscar que el enemigo se rinda o se desplace. Usar el fuego significa conocer las variantes para utilizarlo en la guerra, puesto que representa ciertas exigencias: considerar el momento adecuado para encenderlo, analizar el clima y el tiempo con el fin de estar seguros de los resultados que se buscan y conocer las diferentes clases de ataques que se pueden ejecutar con el uso del fuego, como el ataque a los suministros y bienes, a los equipos, a los almacenes y bodegas o a las armas.

Es importante también conocer que cuando se ejerce un ataque con fuego se producen cambios drásticos en el bando atacado, cambios que deben seguirse muy de cerca para establecer las nuevas estrategias de respuesta… Si el fuego se originó dentro del campamento enemigo, hay que prepararse de manera rápida desde afuera para mantener el control; si se percibe calma en los soldados aún después de atacarlos, es buena estrategia esperar sin atacar, hasta contar con la claridad en las reacciones del enemigo; si el fuego ha llegado al máximo y permite seguirlo es conveniente hacerlo para arrasar, pero si el fuego no permite actuar, es mejor esperar para no poner en riesgo al ejército agresor. **(1)**

Para encender fuego en campo abierto, es característica principal de este tipo de ataque, mantener mucha coordinación con el comportamiento del tiempo y la dirección del viento. Nunca se debe considerar realizar un ataque con fuego en dirección contraria al viento.

Parte de la estrategia de amenazar con el fuego es saber que si el viento ha estado soplando fuerte en el día, en la noche estará más calmado. Conocedores de esta información, el ataque se puede planear con más seguridad, buscando el resultado que se espera, como la confusión y las actitudes equivocadas que pongan al enemigo en desventaja. **(2)**

Según el ataque que se realice, seguramente el objetivo es muy diferente. El fuego posibilita cambiar un entorno y el agua facilita la adaptación al nuevo entorno. En conclusión, son conceptos que enfatizan la importancia de la flexibilidad y la adaptabilidad en la estrategia militar. La diferencia radica en que el ataque con fuego podría revelar la situación real del enemigo y el ataque con agua podría representar la fluidez de ella y la fuerza para descomponer y desgastar sus caminos, dificultando por ejemplo, posibles salidas y escape en busca de su liberación. **(3)**

Después de aplicar las estrategias y las herramientas para llevar a cabo los diferentes ataques que se proponen en la batalla y obtener una merecida victoria, llega el momento de incluir en las tácticas el reconocimiento a quienes han hecho mérito en su labor para llegar a un final victorioso. Si se ignora este reconocimiento, los vientos no siguen siendo favorables, se crea descontento en las tropas y llega la desmotivación. Hay que recordar siempre que un buen lineamiento militar reconoce el mérito de una buena labor, además de proteger a sus tropas cuando las perspectivas no se ven favorables. No vale la pena movilizar las tropas cuando no hay ventajas claras de hacerlo, ni ejercer una operación militar cuando no hay nada por ganar. (4)

Para concluir amerita hacer claridad en que ningún ejército se debe movilizar porque sí, sin ningún objetivo específico. Es decir no se puede movilizar un ejército por ira o por venganza, más a sabiendas que después de una guerra solo queda caos, muerte y destrucción, todos factores muy difíciles de superar. Una nación destruida, una vida perdida siempre van más allá de los límites de una posible reconstrucción o de lo que el término victoria significa. Cuando un Estado y los altos rangos de la milicia tienen en cuenta estos conceptos están luchando desde el comienzo por mantener a salvo su país y su ejército. (5)

Profundicemos en "el fuego y el agua como herramientas de confusión"

(1) Para llevar a cabo un ataque con fuego es preciso tener presente los medios y el material para encenderlo. También ha de considerarse el momento justo de hacerlo con el clima y el viento a favor.

En cuanto el uso del fuego, según Sun Tzu es de importancia conocer y aprovechar el terreno, adaptarse a las circunstancias y utilizar tácticas de sorpresa, sin convertir el fuego en un medio de muerte y desolación. En general se busca crear la confusión en el enemigo para poder atacarlo.

(2) En la medida que se conoce el comportamiento del fuego en relación con el clima y el viento, se pueden programar las estrategias adecuadas para realizar un ataque y aprovechar las oportunidades que las circunstancias con el fuego crean en el enemigo, para facilitar su derrota. Además considerar en esas estrategias, poder evitar por todos los medios que el enemigo pueda atacar o arremeter en contra de lo esperado.

(3) Definitivamente los conceptos de fuego y agua en la guerra son más conceptos estratégicos y mecanismos de ataque para desestabilizar al ejército contrario. Es decir, son elementos que permiten adaptaciones para facilitar la victoria que se busca sobre el enemigo. Afirma Sun Tzu "*que la utilización del fuego para apoyar un ataque significa claridad, mientras la utilización del agua para apoyar un ataque significa fuerza*".

(4) Reconocer el mérito a quienes lo merecen y buscar la seguridad y la protección de las tropas y el ejército, son prácticas motivadoras en la vida militar. Son mucha las estrategias que se pueden emplear para crear barricadas y trincheras protectoras de los ataques que vienen del enemigo. Es crucial buscar tácticas que se adapten al entorno y que según los cambios que se van generando, estas también evolucionen y cambien para dar seguridad y buscar minimizar la exposición de las tropas a situaciones peligrosas.

(5) Mover un ejército sin un propósito claro puede tener consecuencias graves y, en muchos casos, no sería una práctica eficiente ni efectiva. Es esencial que cualquier movilización militar esté respaldada por una evaluación estratégica cuidadosa y que se lleve a cabo de acuerdo con los principios de una necesidad real nacional. Además, la transparencia en la comunicación de los objetivos y la cooperación son aspectos importantes en cualquier acción militar. La movilización militar debe ser una acción estratégica que se lleva a cabo en respuesta a objetivos y amenazas muy específicas.

13
El espionaje en las operaciones militares

軍事行動中的間諜活動

Solo un gobernante brillante o un general sabio que pueda utilizar a los más inteligentes para el espionaje, puede estar seguro de la victoria.

Sun Tzu

Para cualquier nación, la guerra puede durar mucho tiempo para proclamar un solo día de victoria, lo que significa mucho esfuerzo y presupuesto. Poder contar con alguna información previa acerca del enemigo puede implicar ahorros en esfuerzo, en desgaste de hombres, en estrategias y sobre todo en tiempo para ver logros y triunfos. Así que vale la pena incluir dentro de los factores y tácticas de guerra a aquellas personas que por sus características clasifican dentro del grupo que puede suministrar información que sin duda, lleva a vencer al opositor y conseguir el triunfo. No son personas del común, son personas que normalmente conocen y manejan situaciones pertinentes al bando enemigo, que es precisamente la información que deben suministrar.

Esas personas se denominan espías y que a propósito los hay de varias clases: espía nativo, espía interno, doble agente, espía liquidable y espía flotante. Cada uno de ellos representa por decirlo así, una categoría o más bien una forma de trabajar para conseguir la información. En términos de guerra la existencia de los espías es parte de la organización. **(1)**

Es hora de hablar específicamente sobre las clases de espías para diferenciarlas con claridad.

- ❋ Espías nativos. Son aquellos que se contratan dentro de las personas que habitan una localidad.

- ❋ Espías internos. Son aquellos que resultan oportunos y se pueden contratar entre los miembros del bando enemigo.

- ❋ Agentes dobles. Son los que se prestan para ser contratados dentro de los espías del bando contrario.

- ❋ Espías liquidables. Se llaman así porque están expuestos a ser sorprendidos y por supuesto, liquidados. Son aquellos que suministran datos falsos a los espías enemigos.

- ❋ Espías flotantes. Son aquellos que están en un territorio u otro para recopilar sus informes.

Sin mayor explicación se entiende que los espías pueden establecer según su especialidad, los contactos necesarios y pertinentes para conseguir la información que necesitan suministrar. **(2)**

El mundo del espionaje es algo diferente del resto de roles que se llevan en la guerra. Los espías por lo general reciben un trato de mucha familiaridad, reciben también recompensas muy superiores a las que se ofrecen en otros estamentos y por obvias razones, es el asunto que se maneja con total discreción dentro de las fuerzas de la milicia. **(3)**

¿Cuáles podrían ser las cualidades o requerimientos de personalidad para ser un buen espía?

Hay espías de todo tipo y de varias clases como ya se ha descrito; pero además, un espía debe ser sagaz y poseer mucho conocimiento sobre su función. Debe poseer humanidad y justicia, paradójico de por sí, dada la labor que ejecuta; un espía no puede obtener información y menos de otro espía si no maneja la sutileza y la delicadeza en el trato; en fin, los espías son informantes y útiles en todas partes. **(4)**

Ahora bien, la función del espía también implica todos los riesgos posibles, incluso los que pueden llevarlo a la muerte.

El riesgo del que se habla es inminente porque si un ejército necesita invadir un pueblo, conocer la identidad de los altos rangos, de los centinelas, de los criados, es tarea de los espías buscar este tipo de información. Si no la obtienen con la cautela suficiente y con las estrategias planeadas para estas actividades y no logran suministrar la información sin ser descubiertos, la consecuencia inmediata es la muerte. **(5)**

Dentro del manejo del mundo de los espías también es necesario aprender a detectar aquellos que están trabajando para el enemigo y si es posible, convencerlos de trabajar a nuestro favor; es decir se los induce para trabajar como agentes dobles. De la misma manera se pueden contratar agentes nativos, o internos para conseguir información de primera mano en pro de la planeación de las estrategias de ataque, aprovechando las condiciones que se conocen del adversario. Incluso, en situaciones de este tipo se puede lograr la creación de espías flotantes que vayan y vengan con noticias útiles para usar en los planes de combate.

Se infiere entonces que es importante que los generales y gobernantes conozcan muy bien las clases de espías para saber de quiénes disponer con las características requeridas, en el momento oportuno. Es deber de los generales utilizar a los más inteligentes para formar parte del grupo de espionaje y estar seguros de conseguir la victoria. Así que siempre está presente el espionaje para el cumplimiento exitoso de muchas de las operaciones militares emprendidas. **(6)**

Profundicemos en "el espionaje en las operaciones militares"

(1) El uso de los espías es una estrategia de guerra con el fin de mantener la seguridad y facilitar el conocimiento más de cerca del enemigo con el cual se da el enfrentamiento. Cabe anotar que es pertinente que las acciones de espionaje se rijan por algunas normas de inteligencia militar, para evitar la violación de la soberanía o de los derechos humanos. La importancia de la función de los espías radica en las técnicas que aplican para obtener información, inclusive clasificada. Como consecuencia de su capacidad para infiltrarse, recopilan reportes y noticias de interés acerca de planes, recursos o capacidades del enemigo.

(2) Hay varias clases de espías en términos de guerra y son requeridos precisamente porque cada una de esas categorías presenta diferentes habilidades y funciones que la caracterizan. Según la capacidad y habilidad de un espía, desarrolla una forma de infiltración, estrategia o vinculación con contactos, con el fin de obtener la información previa del enemigo y cumplir con su labor predeterminada por disposición.

(3) El buen trato a los espías y su reconocimiento dentro de su ámbito obedece a la susceptibilidad que tienen en su trato, dado que si no se sienten a gusto pueden convertirse en enemigos en el momento menos esperado. Un buen trato supone fomentar la cooperación continua y la lealtad, indispensables para contar con la información previa y objetiva sobre la situación del contendor. En términos generales, un espía bien tratado representa seguridad y garantiza información precisa y útil.

(4) La función principal del espía es recopilar información valiosa sobre el enemigo para beneficio propio, razón por la cual participa de operaciones de inteligencia para detectar posibles ataques o actividades también de espionaje, por parte del adversario. Participa también en operaciones de desinformación para manipular a los líderes de los bandos opuestos, lo cual le exige de toda su pericia para engañar y convencer. Finalmente, se puede afirmar que la función del espía puede variar según la situación y los objetivos específicos que le son asignados.

(5) Para atacar o combatir se debe conocer dentro de lo que se pueda, la mayor cantidad de datos sobre el bando contrario. Los espías son las herramientas precisas para lograrlo. Por eso, los espías corren numerosos riesgos porque siempre trabajan en entornos peligrosos y rodeados de secreto y sigilo; siempre están escondiendo su identidad porque en la mayoría de los casos están en territorio enemigo, dentro de enfrentamientos armados que ofrecen trampas y terrenos hostiles.

(6) Detectar a los espías puede ser una tarea complicada, pero siempre hay señales y comportamientos que generan sospechas y que permiten establecer quiénes son los espías que están poniendo en peligro las condiciones y secretos del ejército. Por eso la importancia de que en el ámbito militar y en los niveles más altos de liderazgo, exista conocimiento claro sobre las diferentes clases de espías y cómo utilizarlos en el campo de guerra como estrategia.

El conocimiento de las diferentes clases de espías y su aplicación estratégica es parte de la planificación, porque la inteligencia militar y su trabajo con los espías está siempre presente en la guerra.

Créditos de fotos

Página 8:
De vlasta2, bluefootedbooby on flickr.com - https://www.flickr.com/photos/bluefootedbooby/370458424/, CC BY 2.0, https://commons.wikimedia.org/w/index.php?curid=1616406

Página 12:
By Ismoon - Own work, CC0, https://commons.wikimedia.org/w/index.php?curid=17054122

Página 24:
By Gary Todd from Xinzheng, China - Horse Armor, Tomb of Marquis Yi of Zeng, CC0, https://commons.wikimedia.org/w/index.php?curid=101531489

Página 35:
By 三猎 - Own work, CC BY-SA 4.0, https://commons.wikimedia.org/w/index.php?curid=86546750

Página 47:
By Mountain - Own work, CC BY-SA 3.0, https://commons.wikimedia.org/w/index.php?curid=658566

Página 61:
By Sailko - Own work, CC BY 3.0, https://commons.wikimedia.org/w/index.php?curid=65573804

Página 72:
By Jakub Hałun - Own work, CC BY-SA 4.0, https://commons.wikimedia.org/w/index.php?curid=9091747

Página 86:
By 三猎 - Own work, CC BY-SA 4.0, https://commons.wikimedia.org/w/index.php?curid=67482965

Página 101:
De 663highland - Trabajo propio, CC BY 2.5, https://commons.wikimedia.org/w/index.php?curid=4876792

Página 110:
By Paulo Alexandrino + Masayuki Kondo - Macau Scientific and Cultural Centre Museum (The Macau Museum), CC BY-SA 4.0, https://commons.wikimedia.org/w/index.php?curid=106275862

Página 126:
By Mountain - Own work, CC BY-SA 3.0, https://commons.wikimedia.org/w/index.php?curid=602198

Página 137:
By drs2biz - Spring and Autumn Period Wang Ziwu Tripod (Wang Ziwu Ding)!, CC BY-SA 2.0, https://commons.wikimedia.org/w/index.php?curid=7112020

Página 157:
By Paulo Alexandrino + Masayuki Kondo - Macau Scientific and Cultural Centre Museum (The Macau Museum), CC BY-SA 4.0, https://commons.wikimedia.org/w/index.php?curid=106353764

Página 166:
By This file was donated to Wikimedia Commons as part of a project by the Metropolitan Museum of Art. See the Image and Data Resources Open Access Policy, CC0, https://commons.wikimedia.org/w/index.php?curid=57850733

www.ingramcontent.com/pod-product-compliance
Lightning Source LLC
Chambersburg PA
CBHW030522080526
44586CB00011B/292